Cycles 1, 2 et 3

Utiliser les cartes mentales à l'école

Muriel **Lauzeille**

RETZ
www.editions-retz.com
9 bis, rue Abel Hovelacque
75013 Paris

Remerciements

Mes élèves
Agathe – Baptiste - Brieuc – Carla – Cassandre – Célia – Clara – Elina – Eliott – Enzo – Gabrielle – Gabriel – Hugo – Jérémy – Julia – Justin – Léo – Matthieu – Maxence – Maxime – Maya – Néfertari – Paola – Paul – Pierre – Romane – Tom – Yanis

Mes collègues et leurs élèves
Coraline Auriac – Pauline Vauzelle – Youri Benrekia

Mes enfants
Julien et Lucas

Ma famille

Cet ouvrage suit l'orthographe recommandée
par les rectifications de 1990 et les programmes scolaires.
Voir le site http://www.orthographe-recommandee.info
et son mini guide d'information.

MIXTE
Papier issu de sources responsables
FSC® C022030

ISBN : 978-2-7256-3561-3

Sommaire

Introduction

Depuis quelques années, on assiste à un engouement croissant pour l'utilisation de la carte mentale à l'école. Cette dernière est même explicitement citée pour la première fois dans les programmes d'enseignement 2016 des cycles 3 et 4 : « Les activités proposées permettant de manifester sa compréhension peuvent être variées : rappel des informations retenues, réponses à des questions, paragraphes, reformulation, titres de paragraphes, représentations diverses (tableau, schéma, dessin, carte heuristique…). »

Véritable outil de réflexion et d'organisation des concepts, elle permet aux élèves d'être au cœur de leurs apprentissages. De manière ludique, colorée mais aussi extrêmement structurée, l'élève peut ainsi organiser puis reformuler les informations à apprendre à sa manière. La carte mentale, par une mise en valeur des éléments principaux à retenir et à mettre en valeur, est un guide pour mieux comprendre et apprendre par soi-même.

Cet ouvrage est destiné aux enseignants et aux élèves des trois cycles. Il propose une approche théorique et une approche pratique à travers des situations expérimentées en classe.

- Les quatre premiers chapitres expliquent comment réaliser une carte mentale et élaborer des séquences et des séances en s'appuyant sur cet outil.
- Les six chapitres suivants explicitent l'utilisation de la carte mentale au sein de séances variées en production écrite, en étude de la langue, en histoire, en mathématiques, en sciences… Différentes cartes sont présentées : carte puzzle, carte à trous, carte à construire, carte mémo…
- Les derniers chapitres s'intéressent plus précisément aux fonctions cognitives sollicitées par cet outil. La carte mentale est en effet au service de la compréhension des informations, de la mémorisation des connaissances, de la planification des tâches… pour permettre à l'élève toujours plus d'efficacité et d'autonomie.

Les différents documents utilisés dans les séances présentées sont disponibles dans le CD-Rom (voir présentation, p. 167 et suiv.).

Pour les lecteurs qui souhaiteraient aller plus loin ou faire part de leur expérience, l'auteure peut être contactée sur son blog « Lala aime sa classe ».

Qu'est-ce qu'une carte mentale ?

La carte mentale et le cerveau

La carte mentale, plus connue sous le nom anglais « Mind Mapping », est née dans les années 1970, à l'époque où les scientifiques développent la théorie de la « spécialisation hémisphérique » qui soutient que le cerveau est composé de deux zones, les hémisphères[1]. Ces derniers se répartiraient les principales fonctions intellectuelles.

Ainsi, l'hémisphère droit serait lié à la créativité, aux couleurs, au rêve, à l'imagination, aux représentations du monde. L'hémisphère gauche, quant à lui, gèrerait davantage les mots, le langage, le classement, la logique. On sait aujourd'hui que le cerveau interprète le monde en couleurs et en 3D avec des images et des formes en interconnexion. Et les deux hémisphères seraient autant activés tout en remplissant des fonctions différentes[2].

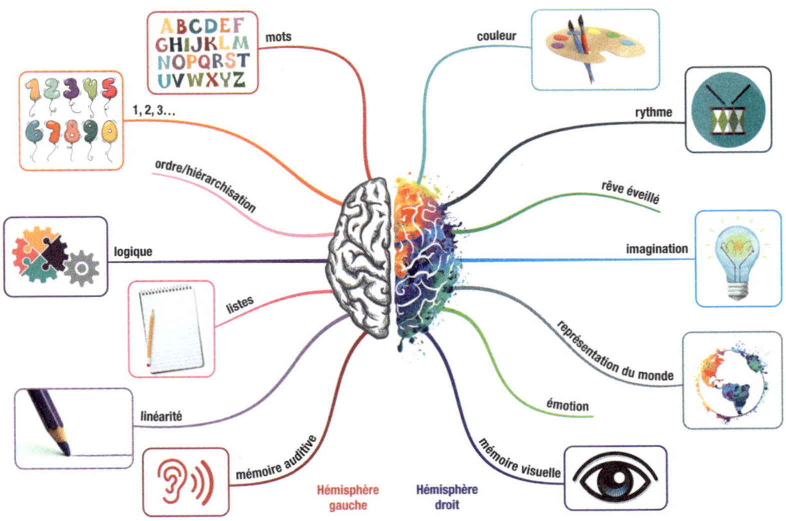

1. Voir les travaux du neurophysiologiste Roger Sperry sur l'asymétrie cérébrale.
2. Voir Agnès Roux, « La fin du mythe des personnes à cerveau "droit" ou "gauche" », *Futura-Sciences*.

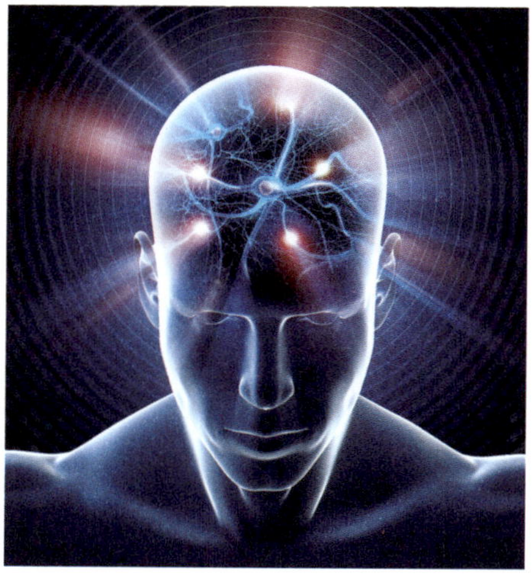

C'est dans les années 1960-1970 que le psychologue anglais Tony Buzan s'intéresse au fonctionnement du cerveau : Il souhaite améliorer les techniques d'apprentissage et de mémorisation. Ses recherches l'amènent à créer le « Mind Mapping », un outil de pensée basé sur le fonctionnement naturel du cerveau. S'appuyant sur la force des images, celui-ci permet une association d'idées autour d'une idée principale comme une pensée rayonnante : l'être humain est capable de lire un livre et, en même temps, il peut penser à une multitude d'autres choses, sans pour autant perdre le fil de sa lecture ; il pense en arborescence et non de façon linéaire.

L'organisation de la carte mentale reprend le fonctionnement naturel du cerveau : en rompant avec les hiérarchies linéaires, elle permet de structurer ses idées de façon rayonnante autour d'un noyau central en utilisant des lignes, des mots, des couleurs, des symboles et des images illustrant des concepts simples et faciles à mémoriser.

La carte mentale se distingue des autres méthodes d'apprentissage parce qu'elle sollicite l'ensemble du cerveau : l'hémisphère gauche pour la logique, la structure hiérarchisée et le langage (mots clés), et l'hémisphère droit pour tout ce qui a trait au visuel (créativité, imagination et intuition).

Les cartes mentales sont donc un outil qui peut accompagner parfaitement les processus mentaux, mieux aider à penser, réfléchir, apprendre et mémoriser : autant de fonctions cognitives sollicitées dans le contexte scolaire.

Comment se construit-elle ?

Pour respecter les critères du Mind Mapping, voici quelques conseils qui différencient la carte mentale d'un simple organigramme :

- utiliser une page blanche A3 ou A4 orientée de façon horizontale ;
- placer au centre le titre du sujet d'étude ;
- tracer une branche principale et ses « sous-branches » (secondaires) d'une même couleur ;
- privilégier des lignes courbes et orienter les branches de façon horizontale pour faciliter la lecture des mots ;

- ajouter d'autres branches principales, si nécessaire, en changeant à chaque fois la couleur (une branche principale = une couleur) ;
- utiliser des mots clés sur les branches et les sous-branches et leur associer éventuellement des images simples et évocatrices (pictogrammes) pour faciliter la mémorisation. Il faut donc éviter l'écriture de phrases ;
- écrire lisiblement et horizontalement sur les branches ;
- hiérarchiser les idées : les idées les plus importantes sont au plus près du centre/titre et les idées secondaires sur les pourtours ;
- lire les éléments de la carte mentale du centre vers l'extérieur, de la première branche à la dernière dans le sens des aiguilles d'une montre ;
- être créatif et s'amuser dans ses choix « artistiques » (couleur, design/courbe des branches, image).

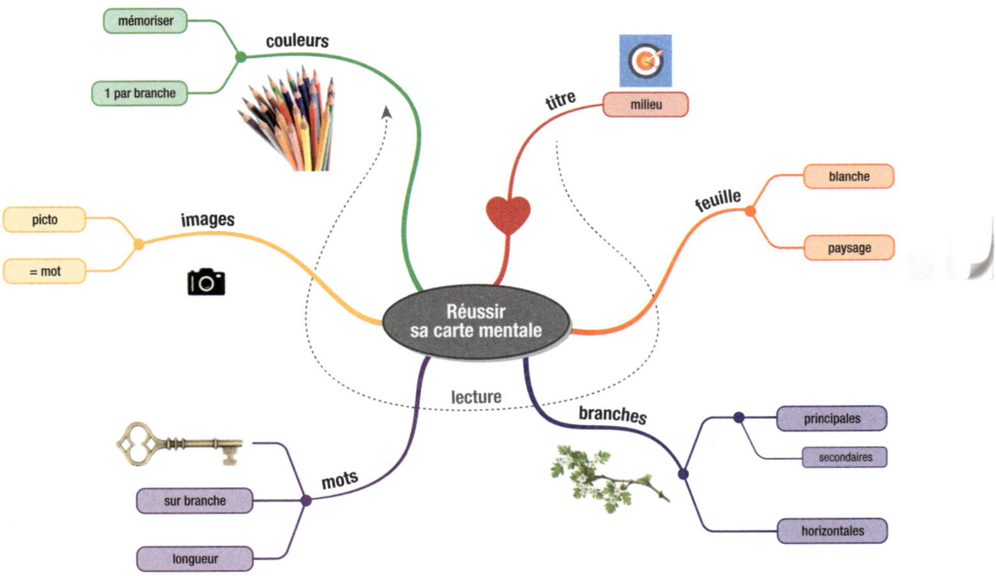

Privilégier les pictogrammes ?

Il est important d'utiliser des images et des pictogrammes pour faciliter la mémorisation au sein des cartes mentales. Lorsque l'on initie les élèves à la construction de cartes mentales, les pictogrammes sont souvent donnés par l'enseignant.

Mais, très rapidement, il convient de laisser les élèves sélectionner ceux qu'ils comprennent ou qui donnent le plus de sens à leur projet de carte. Ce sont alors eux qui choisissent les pictogrammes, à condition qu'ils ne les emmènent pas vers une erreur d'interprétation.

On peut proposer une séance dans laquelle les élèves vont créer un dictionnaire répertoriant les pictogrammes disponibles. Celui-ci constituera un référentiel affiché dans la classe, qui sera utilisé pour la conception des nouvelles cartes mentales.

L'enseignant peut s'appuyer sur deux démarches différentes :

- Les élèves collectent les pictogrammes/images dans les cartes mentales qu'ils ont déjà à disposition.
- L'enseignant propose des mots clés et demande aux élèves de les transformer en pictogrammes.

Exemple de pictogrammes courants choisis par des élèves de CM1/CM2 :

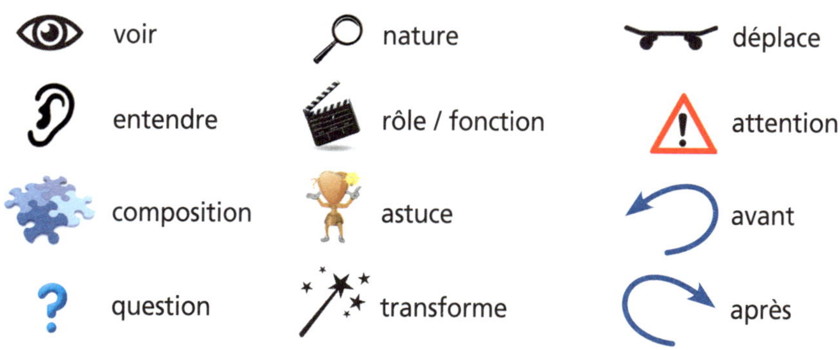

La baguette magique peut, par exemple, être utilisée pour la carte mentale du complément du verbe : elle permet d'insister sur le fait que l'on peut le pronominaliser, c'est-à-dire le transformer en pronom.

Comment hiérarchiser des idées ?

Les étapes de la recherche d'informations

La création de la carte mentale ne peut se faire sans une recherche d'informations. Celle-ci débute nécessairement par une étape de mobilisation d'idées (connaissances, hypothèses, réflexions ou représentations) sans recours à une quelconque source d'informations. Le rappel de connaissances antérieures que l'on souhaite structurer peut suivre le même cheminement.

Pour guider les élèves, l'enseignant peut s'appuyer sur les évocations sensorielles (« Je vois », « J'entends »...), mais aussi sur le questionnement QQOQCP[3] :

- Qui
- Quoi
- Où
- Quand
- Comment
- Pourquoi

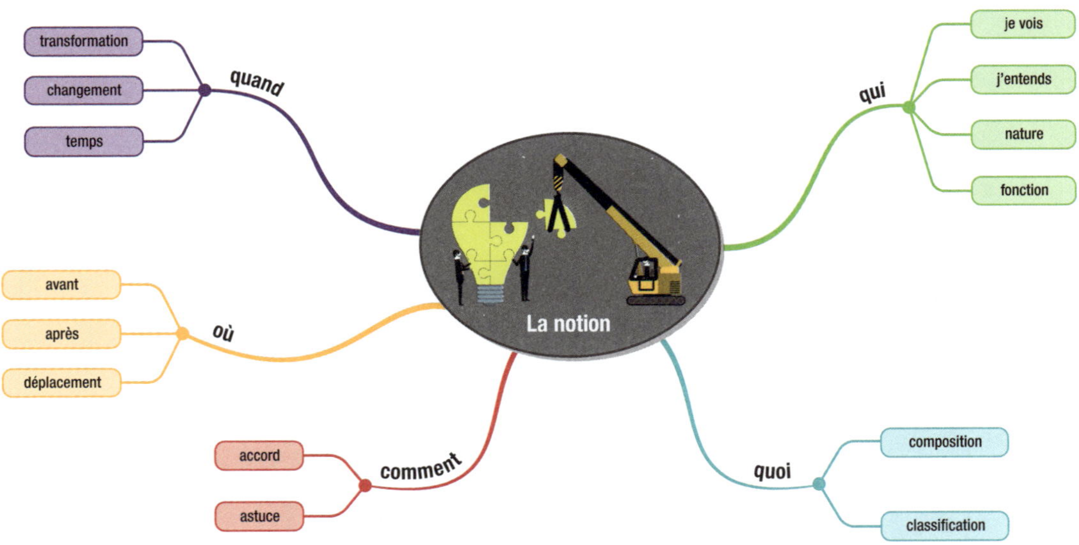

Ce questionnement a l'avantage d'aider à structurer les idées de façon immédiate, notamment dans la conception de cartes mentales sur les fonctions grammaticales par exemple.

Une carte mentale est évolutive. L'élève peut à tout moment l'enrichir de nouvelles idées et/ou de nouveaux liens.

3. Méthode de questionnement pour la résolution de problème : qui, quoi, où, quand, comment, pourquoi ?

Les liens entre les idées

Les idées se lient souvent avec les conjonctions de coordination « et » et « ou » mais pas seulement.

• Exemple de liens « et » :

Le mot « manger » évoque d'autres mots synonymes : ce sont les verbes « avaler », « diner », « se nourrir » et « déguster ».

• Exemple de liens « ou » :

Le complément du verbe est placé soit avant (cas de la pronominalisation), soit après le verbe.

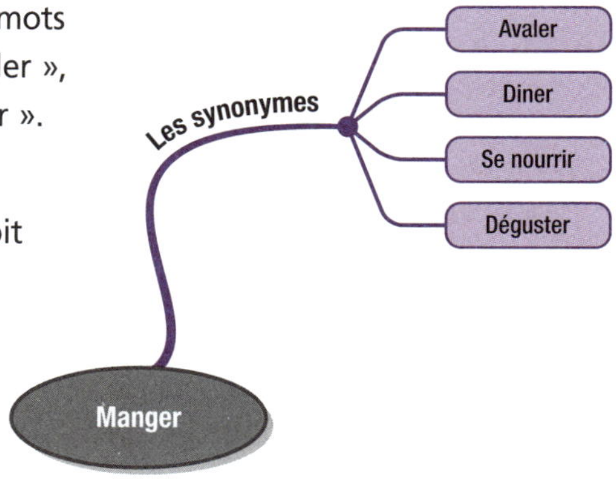

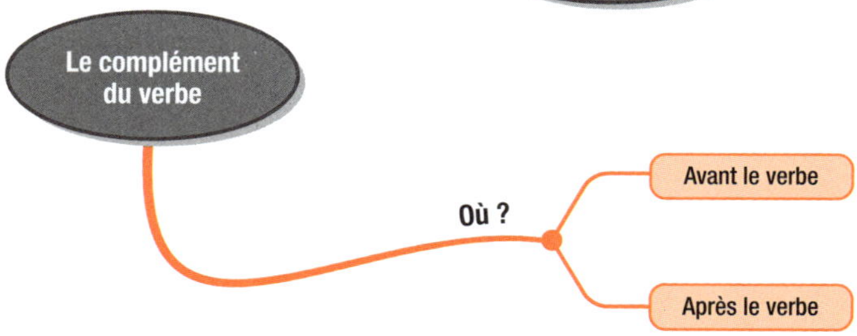

• Exemple de liens chronologiques

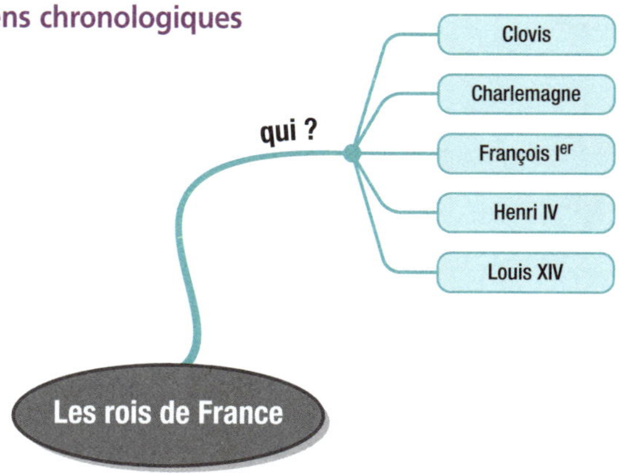

Comme les élèves laissent libre cours à leurs pensées, ils peuvent aussi créer des liens neufs, voire inattendus, entre les idées. C'est à l'enseignant de vérifier que l'élève n'est pas dans l'erreur.

Concevoir sa carte mentale avec un logiciel

Il existe de nombreux logiciels qui proposent une version de base libre. Les versions professionnelles sont souvent payantes. Voici une liste des plus courants :

FreeMind	→	version libre
XMind	→	version libre
IMindMap	→	logiciel payant (essai gratuit 1 semaine)
Freeplane	→	version libre
SimpleMind	→	version libre
Edraw	→	version libre

L'intérêt d'utiliser un logiciel est multiple :

- La carte n'est pas figée ; on peut la faire évoluer dans le temps.
- On peut déplacer les branches et changer l'organisation générale de la carte de façon instantanée.
- On peut associer des images/pictogrammes en ayant recours à des banques d'images intégrées.
- On peut changer les liens entre les idées.
- La carte mentale est souvent plus propre que celle manuscrite.

Pour qui ?

Comment l'enseignant s'approprie-t-il les cartes mentales ?

Les cartes mentales, par les aspects visuels et synthétiques qu'elles offrent, permettent aux enseignants de préparer leur classe en un minimum de temps. En effet, les atouts de la carte leur évitent la rédaction linéaire du déroulement des séances, des séquences ou des projets. De plus, la lecture du document finalisé est extrêmement rapide. Le lecteur peut même s'affranchir de la lecture intégrale du document quand une seule partie est susceptible de l'intéresser.

Préparer une séance

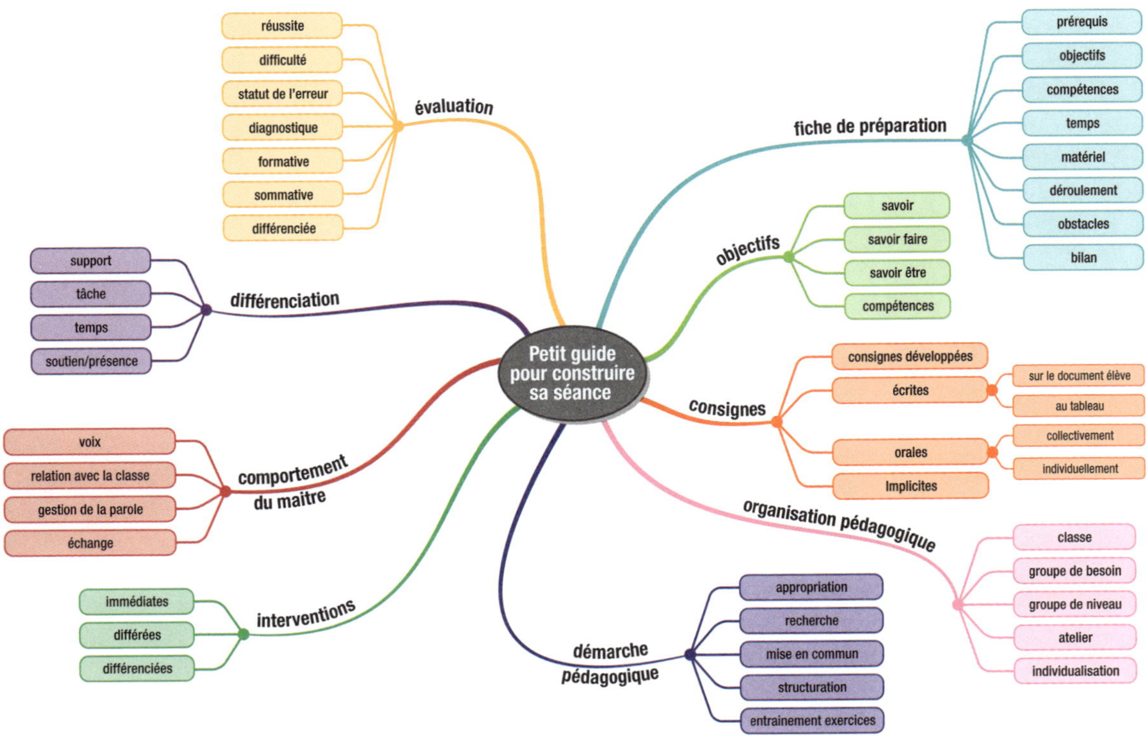

Cette carte mentale est un outil de formation qui permet à l'enseignant stagiaire d'organiser sa séance en visualisant en un clin d'œil les points importants sur lesquels il pourra réfléchir ou développer dans sa fiche de préparation.

L'enseignant peut ainsi préparer sa classe en ciblant les grandes lignes d'une séance ou d'une séquence d'apprentissage.

S'approprier les programmes

Avec l'arrivée de nouveaux programmes et en particulier ceux de 2016, ce n'est pas moins d'environ 400 pages de compétences et d'objectifs que l'enseignant doit s'approprier en très peu de temps. Ces derniers ont été remis en page en cartes mentales. La lecture de ces programmes synthétiques lui permet de gagner du temps, de les lire de manière plus efficace, de les utiliser plus rapidement.

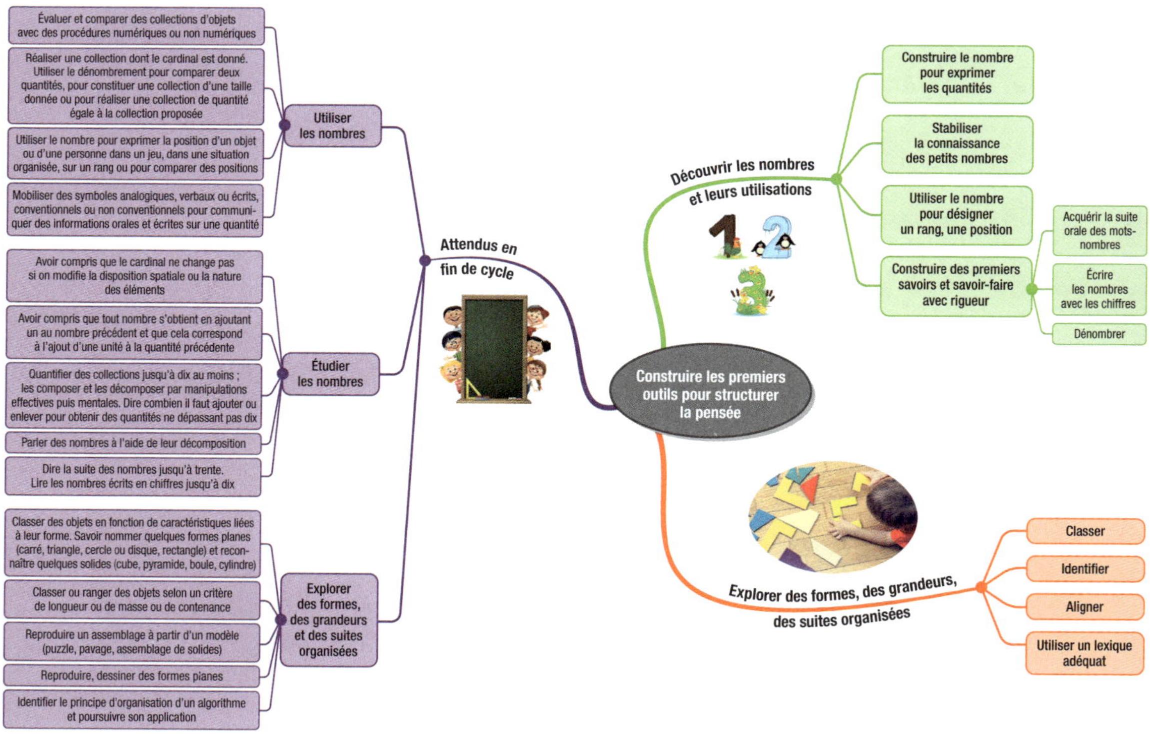

Carte mentale du domaine 4 « Construire les premiers outils pour structurer sa pensée » (cycle 1)

Les programmes de maternelle sont organisés par domaine. L'enseignant peut donc consulter la carte mentale du domaine qu'il souhaite travailler en particulier sans avoir à relire l'ensemble des pages des programmes. Dans la carte mentale ci-contre, les attendus de fin de cycle sont également renseignés. L'enseignant connait ainsi les objectifs qu'il doit atteindre à la fin de son cycle.

Pour les cycles 2 et 3, les cartes mentales sont travaillées avec un même code couleur pour chaque branche (quand cela est possible). Cette organisation permet à l'enseignant de faire des liens entre les deux cycles et d'avoir à tout moment des repères de progressivité entre les niveaux d'apprentissage.

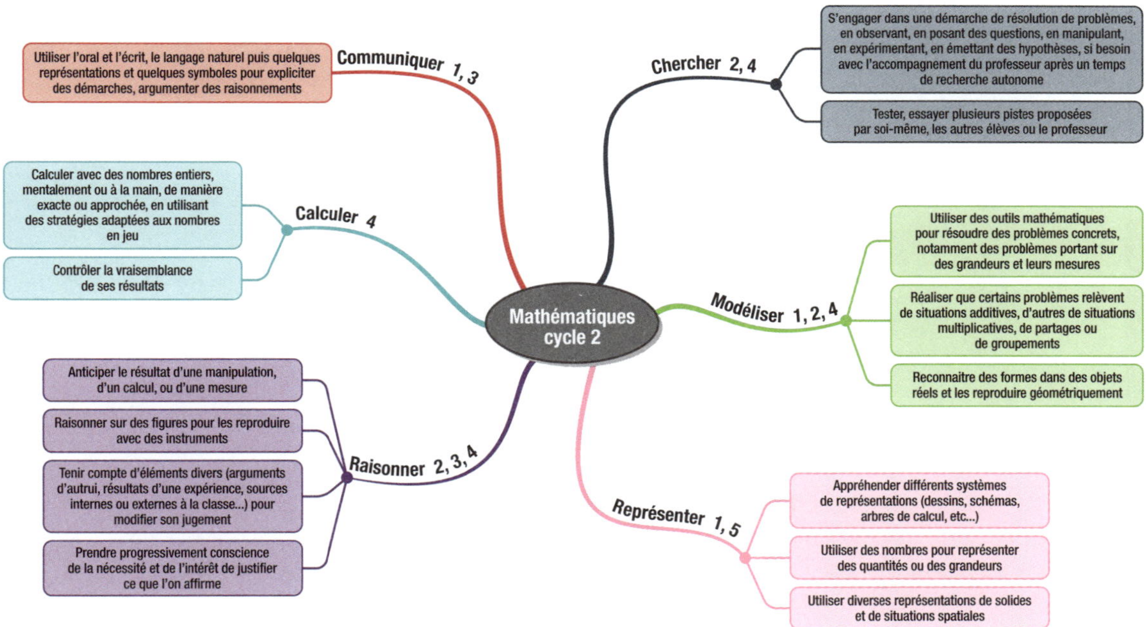

Carte mentale des compétences en mathématiques au cycle 2

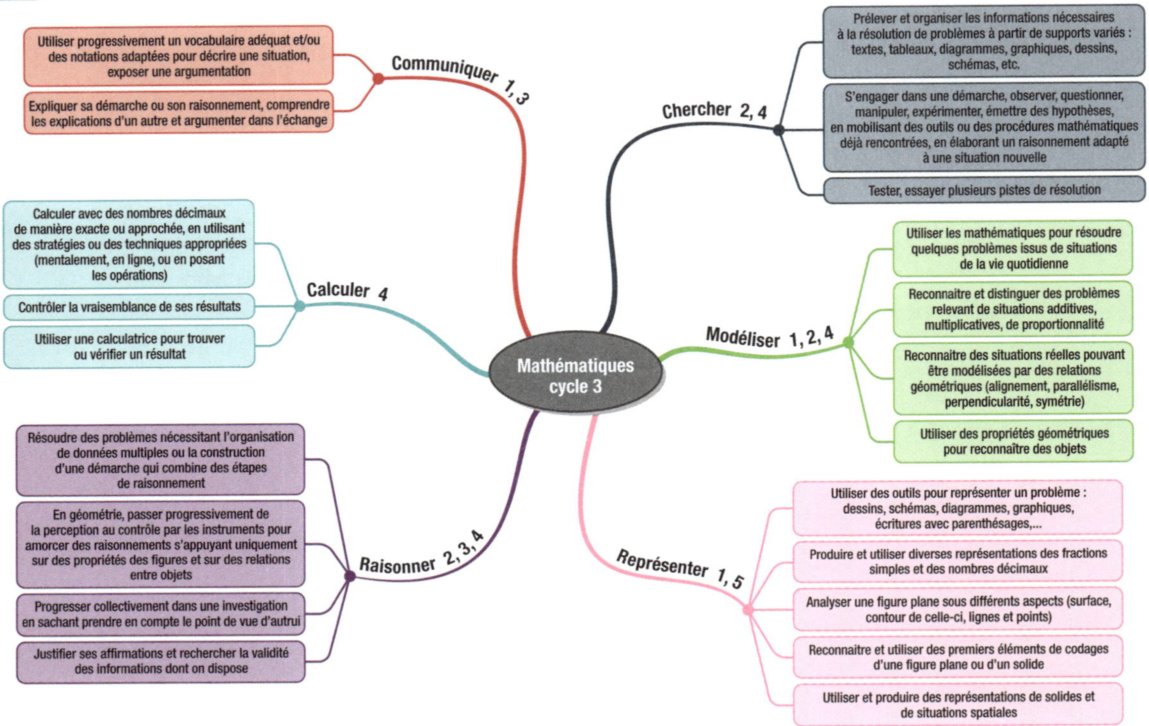

Carte mentale des compétences en mathématiques au cycle 3

Les cartes mentales des programmes mathématiques permettent une vue synthétique rapide des compétences travaillées. L'enseignant peut analyser en un clin d'œil la progressivité dans les différents niveaux.

Élaborer un projet interdisciplinaire

Les cartes mentales peuvent être une aide pour initier un projet, le développer, le planifier, répartir les tâches et en suivre le déroulement. La présentation synthétique qui formalise l'ensemble de la démarche peut tenir lieu de contrat. La carte sera cependant évolutive dans le temps.

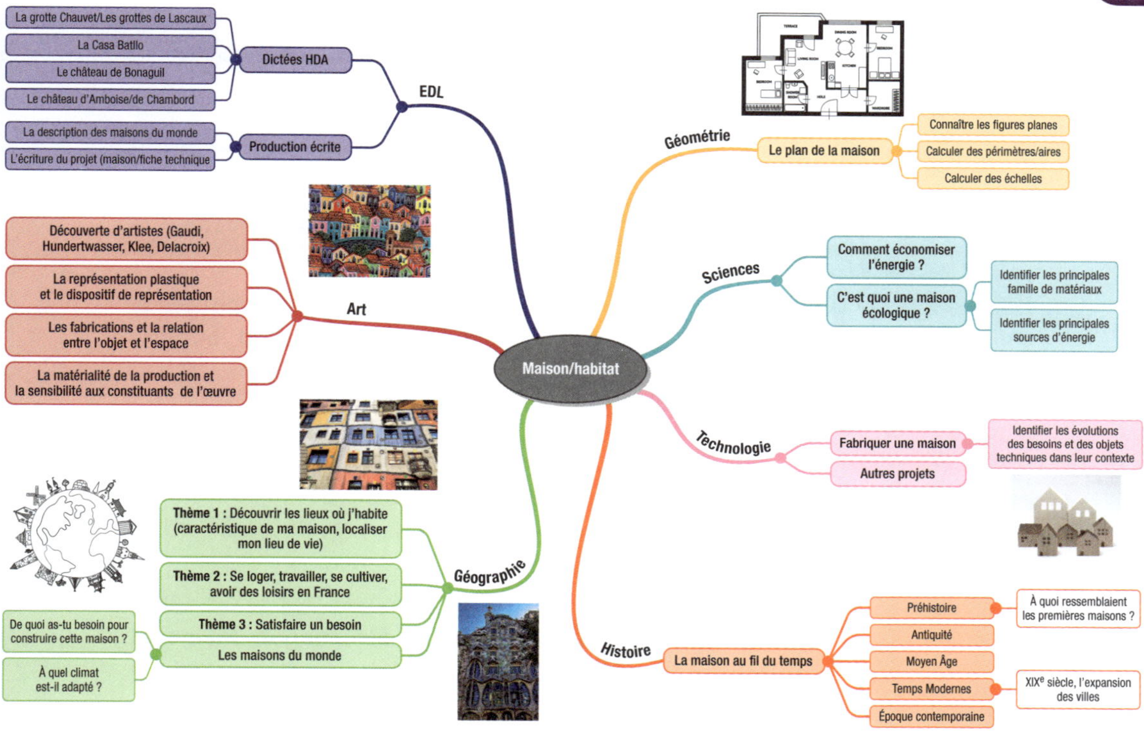

Exemple d'une carte « Maison/Habitat » pour l'enseignant (CM1/CM2)

Dans cet exemple qui s'adresse à une classe de CM1-CM2, l'enseignant ne perd pas de vue la façon dont il va organiser à la fois les savoirs (les contenus enseignés, le contexte, les activités, les objectifs et les modalités d'évaluation) et les modalités de collaboration entre élèves (travail de groupe, travail à deux, individuel…).

Réaliser les documents des élèves

En début d'apprentissage, c'est l'enseignant qui « fait » les cartes car les élèves doivent s'approprier l'outil. Il les guide pour comprendre les caractéristiques de la carte mentale, avant de les laisser en autonomie.

Le degré de guidage va varier en fonction :

- du niveau des élèves (cycles 1, 2, 3 ou 4) ;
- du moment dans l'apprentissage des cartes mentales (début, milieu, fin) ;
- de l'objectif de la séance.

L'enseignant doit toujours réaliser une carte mentale de la tâche qu'il soumet à ses élèves, ne serait-ce que pour avoir une vision globale du résultat attendu. Sa carte ne sera pas montrée. Mais elle lui permettra de mieux les guider.

Les cartes mentales des élèves offrent une lecture évaluative intéressante pour l'enseignant, qui visualise instantanément qu'ils ont compris (connaissances et tâche à réaliser).

Comment les élèves s'approprient-ils les cartes mentales ?

L'apprentissage de la technique de réalisation d'une carte mentale est rapide chez l'élève, surtout si elle est faite de façon manuscrite. Elle dépend toutefois des adaptations faites par l'enseignant.

À main levée, les élèves deviennent vite performants. Les illustrations qui leur sont propres et leur « parlent » sont souvent très pertinentes. Les élèves se les approprient plus facilement. L'inconvénient principal réside dans le fait que l'élève ne peut pas raturer et ne peut plus réorganiser ses idées en cas de modification. Il n'a le droit qu'à un seul jet.
Si la version numérique a le grand avantage de permettre la reprise des cartes mentales, la prise en main du logiciel peut cependant être longue. Mais avec une progression évolutive, les élèves vont développer des compétences dans le domaine numérique.

Doit-on proposer des cartes mentales à des élèves qui ne sont pas vraiment « visuels » ?

Dans sa théorie des intelligences multiples, Howard Gardner[1] distingue huit formes d'intelligence chez l'enfant d'âge scolaire (et par extension l'être humain). Celles-ci ne sont pas exclusives. Les élèves sont tous plus ou moins bons dans toutes les formes et il ne faut surtout pas les cantonner dans une seule sous prétexte qu'un test a révélé une tendance dominante. Autrement dit, chaque individu possède les huit intelligences et peut les développer toutes à un haut niveau à condition d'avoir le soutien, l'environnement et l'enseignement approprié. Les deux intelligences privilégiées dans le système scolaire, notamment lors des examens, seraient l'intelligence logico-mathématique et l'intelligence verbolinguistique. En effet, les élèves sont toujours évalués au moyen de réponses écrites ou sur la base de calculs pour les matières scientifiques.

La théorie des intelligences multiples et l'outil « carte mentale » sont donc complémentaires. La sollicitation de plusieurs sens renforce la mobilisation de différentes zones du cerveau.

---

1. Voir « Les intelligences multiples, interview d'Howard Gardner », in *Les Cahiers pédagogiques* n° 437.

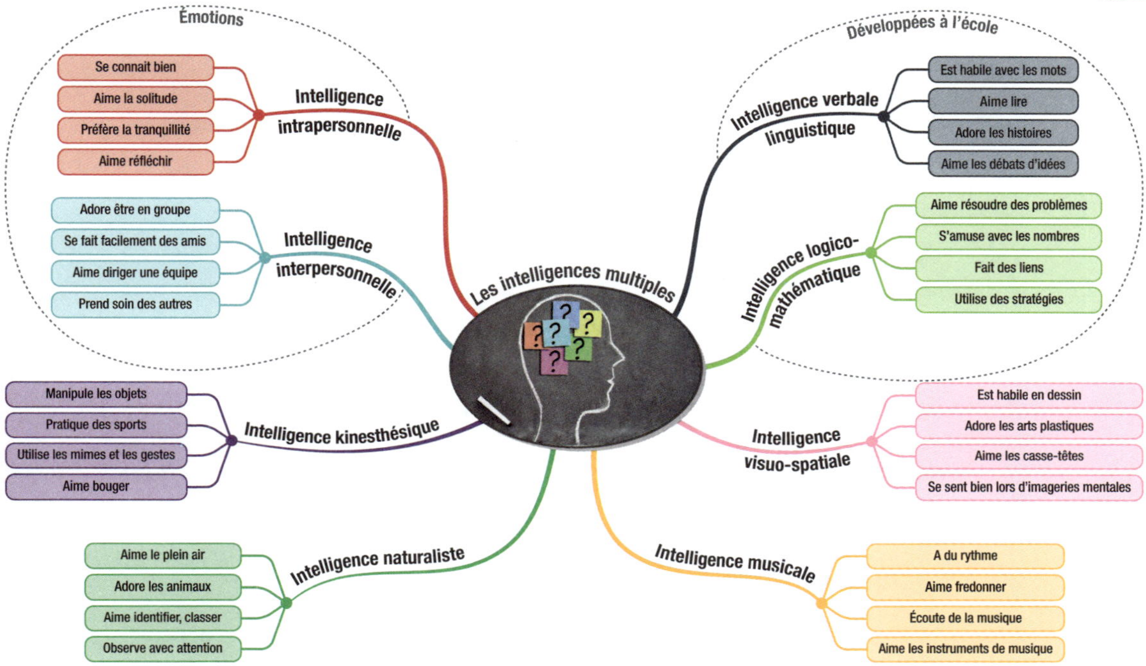

Carte mentale des intelligences multiples[2]

Le Mind Mapping va cependant plus loin car il facilite une utilisation du « cerveau total » : les mots, la structure et la hiérarchisation stimulent l'hémisphère gauche, les couleurs et les dessins sollicitent l'hémisphère droit.

Un apprentissage collectif ou individuel ?

Les deux apprentissages sont pertinents et sont choisis en fonction des objectifs à atteindre.

Différentes activités peuvent être menées collectivement pour entrainer l'élève à mieux appréhender l'outil (relire une carte mentale, catégoriser, organiser ses idées, donner les idées essentielles de documents sources, etc.).

Il est cependant nécessaire que la trace écrite finalisée en carte mentale reste un travail individuel : chaque élève aura le souci de l'organiser selon son mode de fonctionnement et ses idées esthétiques en respectant le contenu proposé.

2. Linda Campbell, Dee Dickinson, Bruce Campbell, *Les Intelligences multiples au cœur de l'enseignement et de l'apprentissage, Chenelière Éducation, 2004.*

Comment les élèves à besoins particuliers s'approprient-ils les cartes mentales ?

L'intérêt de l'utilisation de cartes mentales est amplifié chez les élèves qui présentent des difficultés d'apprentissage.
L'élève dyslexique présente un trouble du langage (oral et écrit) qui le met en difficulté, notamment en lecture. L'initier à cette technique de réalisation des cartes mentales lui faciliterait l'accès au langage écrit en contournant certaines de ses difficultés.

On sait également que ce déficit serait largement compensé par d'autres aptitudes que l'élève dyslexique a développées dans l'hémisphère droit (au niveau spatial par exemple)[3]. Les cartes mentales, plus significatives que les textes linéaires dont les informations sont noyées dans plusieurs lignes ou pages, apportent donc une réponse à ce domaine déficitaire, tout en stimulant les domaines plus performants de l'élève (vision globale, créativité...).

Pour revenir aux intelligences multiples, voici quelles seraient les quatre intelligences dominantes des élèves en difficulté :

- musicale ;
- visuelle spatiale ;
- naturaliste ;
- kinesthésique.

Cette carte mentale « dys » recense les avantages et les modalités d'adaptation que l'on peut proposer à des élèves dyslexiques en utilisant une carte mentale :

- des adaptations de supports ;
- les compétences travaillées ;
- les avantages à court terme ;
- l'estime de soi.

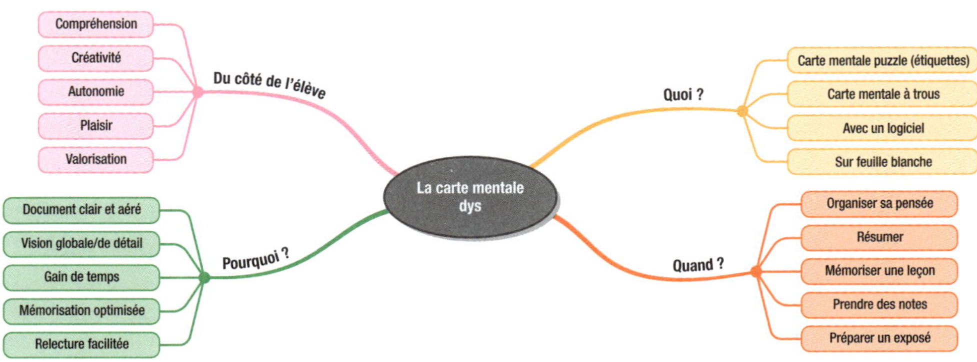

3. Voir Michel Habib, le « cerveau extraordinaire », *Dyslexie : le cerveau singulier,* Solal, 1997.

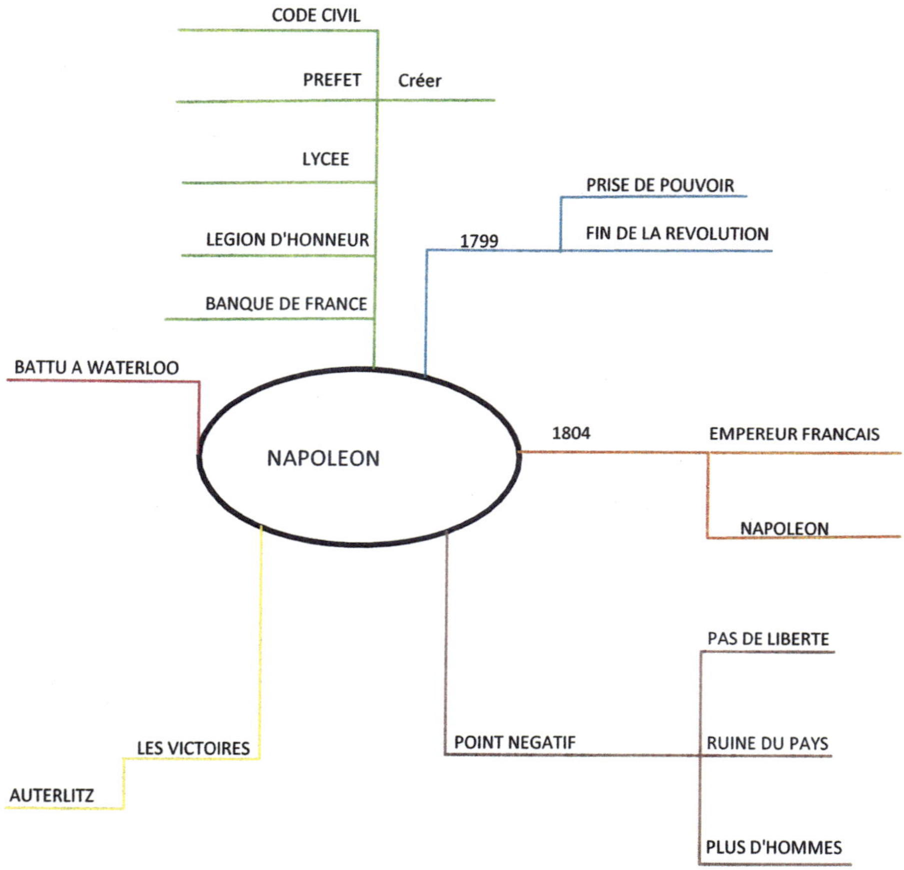

Carte mentale d'un élève (CM2)

Voici la carte mentale d'un élève dys qui utilise un PC en classe. Ne possédant pas de logiciel de création de carte mentale, il a tapé sa carte mentale sur Napoléon à l'aide du logiciel Word. On retrouve bien les caractéristiques propres de la carte mentale (couleurs des branches, hiérarchisation et structuration des idées) ainsi qu'un nombre conséquent de connaissances sur le sujet.

À quel moment ?

Place de la carte mentale dans une séquence

L'usage de la carte mentale peut s'intégrer à différents moments d'une unité d'apprentissage.

• En amont d'une séquence

La carte est un préalable à l'introduction de notions nouvelles. Plusieurs activités sont possibles :

- l'évaluation diagnostique : il s'agit de faire un état des lieux des connaissances avant d'aborder une notion ;
- le remue-méninge d'idées (voir la catégorisation au chapitre 4). On peut utiliser les QQOQCP (voir chapitre 1) ;
- la représentation initiale des élèves ;
- l'explicitation des stratégies de compréhension de lecture. En littérature, on s'intéresse au narrateur et à son message, aux personnages, au cadre de l'histoire, aux évènements (début/milieu/fin). On peut encore questionner le texte à l'aide des QQOQCP. Dans les textes documentaires, on sélectionne les idées essentielles.

• Au milieu d'une séquence

On peut retrouver des activités proposées dans les autres temps forts de la séquence (voir ci-dessus). On ajoutera :

- la réactivation des connaissances ;
- la prise de notes à partir d'un documentaire, d'un film, d'un diaporama ;
- la phase d'institutionnalisation.

La construction d'une carte peut être le cœur même de la séquence. C'est à l'aide de la carte que se construisent les notions. En phase d'institutionnalisation, l'enseignant partira des constats faits lors de la synthèse ; il utilisera les mêmes mots et proposera aux élèves de les organiser en carte mentale, comme outil de structuration de la pensée (les leçons en EDL par exemple).

---

1. QQOQCP : qui, quoi, où, quand, comment, pourquoi.

- **À la fin d'une séquence**

Les activités sont ici souvent évaluatives. La construction de la carte vient clore une activité permettant ainsi de synthétiser, rassembler et réorganiser les connaissances acquises afin de les mémoriser ou les réinvestir.

Il peut s'agir de :

- la phase d'institutionnalisation (synthèse de plusieurs leçons, transfert des connaissances dans un autre contexte) ;
- la réalisation d'un exposé.

De façon autonome, les élèves peuvent également utiliser l'outil carte mentale pour synthétiser les leçons classiques afin de mieux les mémoriser ou les restituer.

Voici une séquence en CE2 dans le domaine « Questionner le monde » où la carte mentale s'inscrit dans deux phases d'apprentissage en même temps avec plusieurs modalités de travail :

1. On commence par un travail individuel au cours duquel l'élève cherche des mots associés à une idée de départ (le thème est choisi par l'enseignant). Puis un travail collectif oral d'argumentation et de synthèse s'engage : les élèves défendent leurs idées, tiennent compte des idées des autres, se les approprient et les reformulent. L'enseignant les invite à réorganiser les idées de la classe dans une carte mentale, construite de façon collective.

2. L'enseignant demande aux élèves de réaliser une carte mentale individuelle en guise d'évaluation sommative.

Place de la carte mentale dans une séance

L'usage de la carte mentale dans une séance est sensiblement identique à celui développé dans la partie « séquence ».

On peut la trouver dans toutes les phases de la séance :

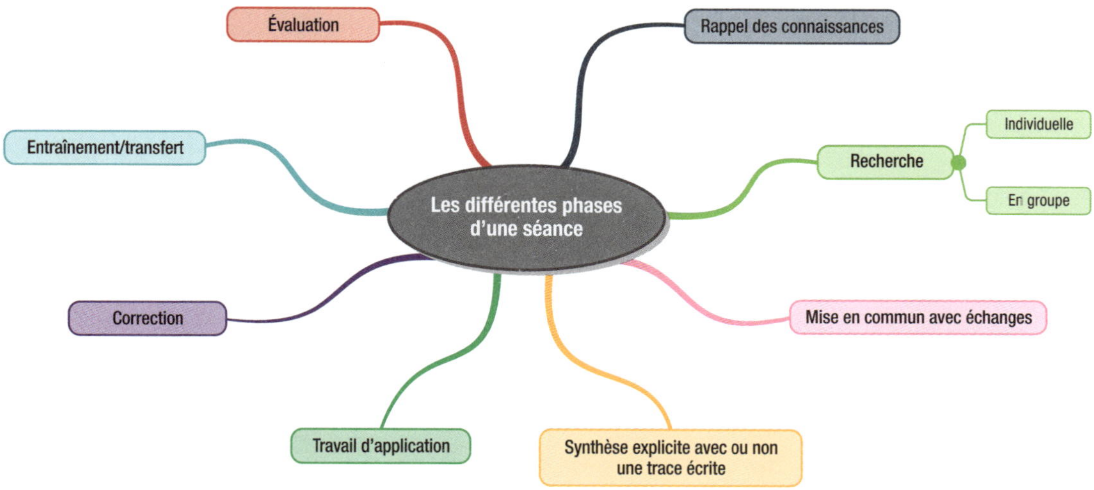

Carte mentale des différentes phases d'une séance

La carte mentale des différentes phases d'une séance présentée ci-dessus est également un outil pour l'enseignant débutant qui doit construire ses premières séances.

Repères dans les cycles

On proposera selon les cycles :

- Aux cycles 1 et 2, ce seront des cartes puzzles, des cartes à trous aérées, plutôt en grand format. Les images (étiquettes) sont très importantes puisque l'élève écrit peu ou pas du tout. L'accent est mis sur la catégorisation et la lecture de la carte en langage oral.

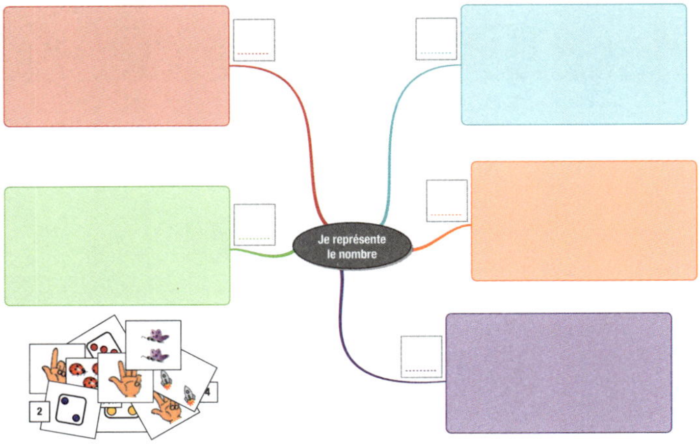

Carte mentale puzzle

- Au cycle 3, le travail sur les liens entre les idées sera privilégié. On privilégiera les cartes à trous qui ont une ossature déjà établie permettant de se concentrer sur l'organisation des idées.

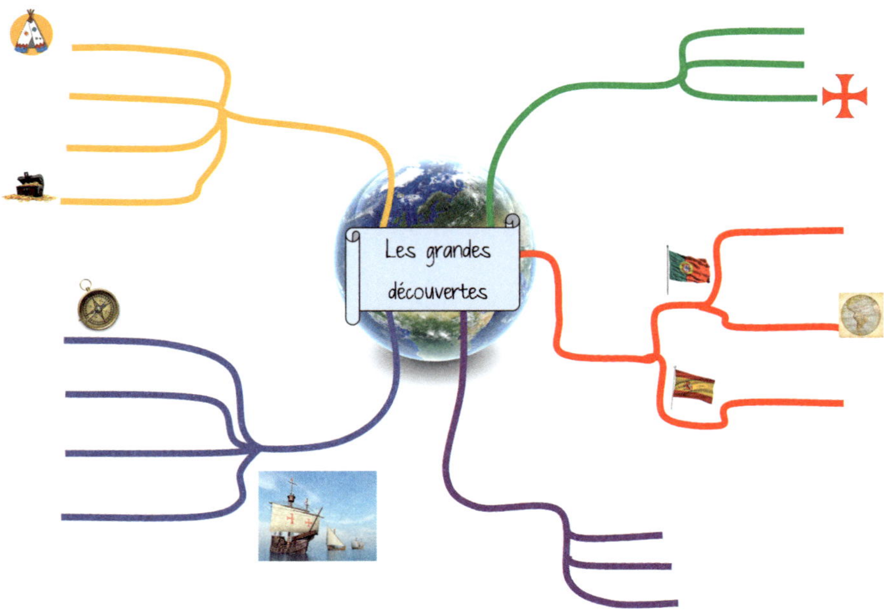

Carte mentale à trous

Savoir réinterpréter le discours « source » en carte mentale est également un objectif clé au cycle 3.

		Cycle 1	Cycle 2	Cycle 3	Cycle 4
Forme de la carte	carte « puzzle » + étiquettes	X	X		
	carte à trous		X	X	
	ossature à compléter		X	X	
	départ en feuille blanche		X	X	X
Branche	branches principales + rectangle	X	X		
	branches principales + secondaires		X	X	X
Lien	lien « et »	X	X	X	X
	lien « ou »	X	X	X	X
	lien chronologique	X	X	X	X

Tableau récapitulatif de l'usage des cartes mentales dans les différents cycles

Essai de programmation pour appréhender l'outil « carte mentale »

Rappel des fonctions de la carte mentale

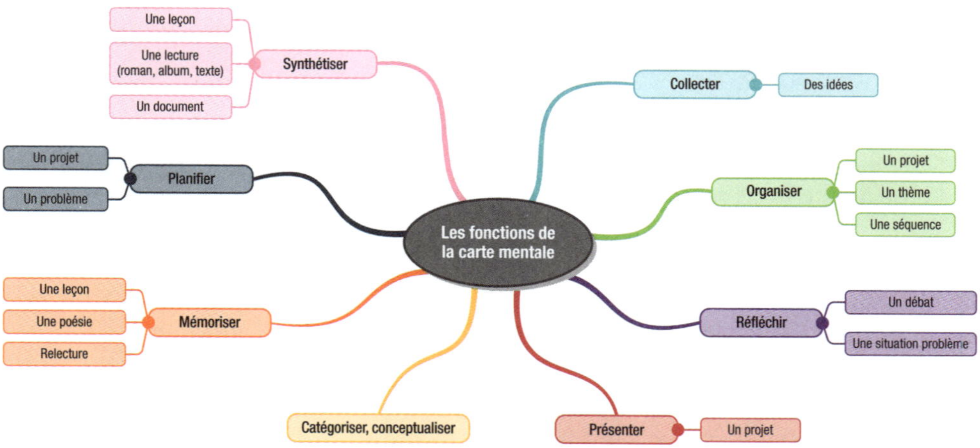

Carte mentale des différentes fonctions de la carte mentale

Cette carte est détaillée dans le chapitre 11. Elle rappelle ici les différentes compétences que l'on peut travailler avec une carte mentale.

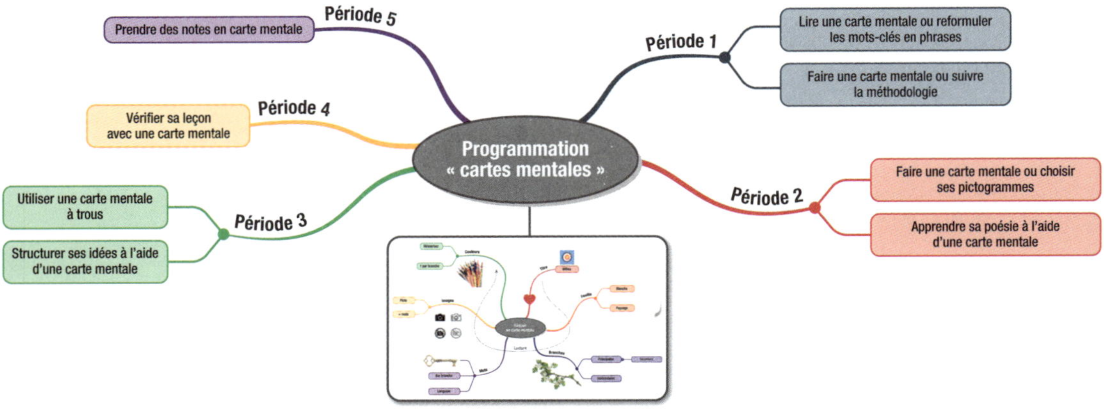

Voici une programmation envisagée pour une classe de CM1 qui débute le travail en cartes mentales. Celle-ci est ajustable en fonction du profil de la classe et des compétences des élèves dans la manipulation de l'outil « carte mentale ».

• Premier objectif : lire une carte mentale

Apprendre à réaliser une carte mentale n'est pas très compliqué. Les élèves comprennent très vite la technique. En revanche, la lecture d'une carte mentale est plus difficile à maitriser. En effet, il faut reformuler des mots clés en phrases et, dans le même temps, comprendre les liens entre les différentes catégories. C'est d'autant plus compliqué lorsque les élèves doivent relire des cartes qu'ils n'ont pas réalisées.

Si les élèves sont à l'aise, il est donc préférable de coupler la fabrication et la lecture de cartes mentales en même temps ; les élèves auront plus de facilité à relire les cartes qu'ils ont eux mêmes créées.

Toutes les activités s'appuyant sur l'utilisation de cartes mentales doivent s'accompagner d'une lecture collective puis individuelle de la carte, contrôlée par l'enseignant. Comme un texte, les élèves doivent comprendre ce qu'ils lisent.

• Deuxième objectif : réaliser une carte mentale

L'apprentissage de la réalisation de la carte mentale se fait en plusieurs étapes :

- Les élèves vont tout d'abord travailler sur l'organisation générale de la carte : les branches, les couleurs, les mots clés et les images. Les cartes peuvent prendre différentes formes, choisies selon le temps imparti pour la séance et les modalités que l'on souhaite alléger pour mener à bien la tâche : ossature à compléter, carte puzzle ou carte à trous.

- La seconde étape concerne le choix des mots clés et des pictogrammes. L'enseignant peut lier l'apprentissage des cartes et certaines disciplines comme la lecture. Reformuler les phrases en mots ou trouver le bon pictogramme sont complémentaires des stratégies enseignées en lecture :
  - trouver les idées essentielles ;
  - donner un titre qui résume les idées d'un paragraphe ;
  - visualiser à partir d'un texte lu ou entendu ;
  - trouver l'image mentale (pictogramme) d'une idée ou d'un mot.

• Troisième objectif : mémoriser à l'aide d'une carte mentale (exemple avec la poésie)

Les élèves connaissent l'univers de la carte mentale et ont travaillé sur la reformulation en mots clés et/ou en images. Ils peuvent donc commencer à créer des cartes mentales en poésie. L'accent est justement mis sur le choix des dessins. Toutes les idées de la poésie, vers après vers ou strophe après strophe, sont transformées en petits dessins visuels favorisant la compréhension et la mémorisation.

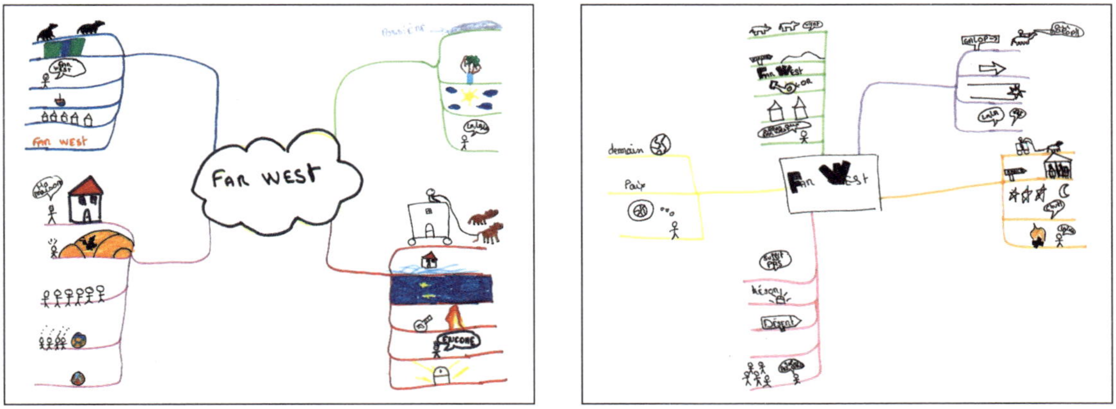

Exemple de cartes mentales élèves

• Quatrième objectif : structurer ses idées

L'utilisation de la carte à trous est utile et permet de progresser dans la structuration des idées. Les élèves peuvent se concentrer sur les idées secondaires lorsque les idées principales sont déjà définies. De même, ils peuvent replacer des idées données dans le désordre dans une carte déjà structurée visuellement (branche et pictogrammes déjà présents).

Toutes les combinaisons sont possibles. À terme, les élèves doivent pouvoir organiser les idées à partir d'une feuille blanche et de façon autonome.

• Cinquième objectif : faire la synthèse des leçons

Cet objectif combine plusieurs compétences :

- surligner les idées essentielles ;
- les synthétiser (reformuler) en mots clés ;
- hiérarchiser ces derniers et les organiser dans une carte mentale.

Le travail est également progressif. On commence l'entrainement sur une courte leçon. Plus tard, une fois que les élèves se sont familiarisés avec cet exercice, ils peuvent élaborer une carte mentale à partir de plusieurs leçons.

• Sixième objectif : prendre des notes

La prise de notes doit être également progressive. L'enseignant doit privilégier la source : un film documentaire ou un diaporama par exemple.

La séance doit être très étayée lors des premières expériences. En effet, les élèves sont très attentifs et ne pensent qu'à suivre le film, oubliant souvent d'écrire les informations qu'ils doivent prélever. L'enseignant doit pouvoir organiser des pauses ou varier le support en carte mentale pour alléger la tâche.

La prise de notes convoque plusieurs compétences différentes :

- la compréhension du document « source » (identification des visées d'un discours oral, hiérarchisation des informations qu'il contient, mémorisation des éléments importants) ;
- le choix et la mise en mots clés (résumer, formuler par écrit sa réception du message source) ;
- la relecture de ses notes.

Les élèves doivent s'entrainer le plus souvent afin de maitriser et de s'approprier l'outil. L'enseignant doit laisser une certaine liberté aux élèves qui font de leur carte une représentation personnelle d'un sujet à un moment donné. Néanmoins, les erreurs relevées par l'enseignant seront évaluées, corrigées et remédiées.

Bien maitrisée, à terme, la carte mentale devient un outil de réflexion pour l'élève qui apprend avec plaisir, créativité et motivation.

Pourquoi ?

Pourquoi utiliser la carte mentale ?

La carte mentale convoque à la fois le plaisir, la créativité, des choix personnalisés (images, couleur) et une organisation personnelle des idées ; elle favorise la compréhension, permet un gain de temps et valorise l'élève.

Lors de sa réalisation et/ou de son utilisation, elle permet de travailler de nombreuses compétences.

La carte ci-dessous dresse une liste de l'ensemble des compétences que l'on peut mettre en jeu lorsque l'élève crée une carte mentale. Celles-ci ne sont pas convoquées toutes au même moment et dépendent des savoirs mis en jeu et/ou du dispositif choisi par l'enseignant.

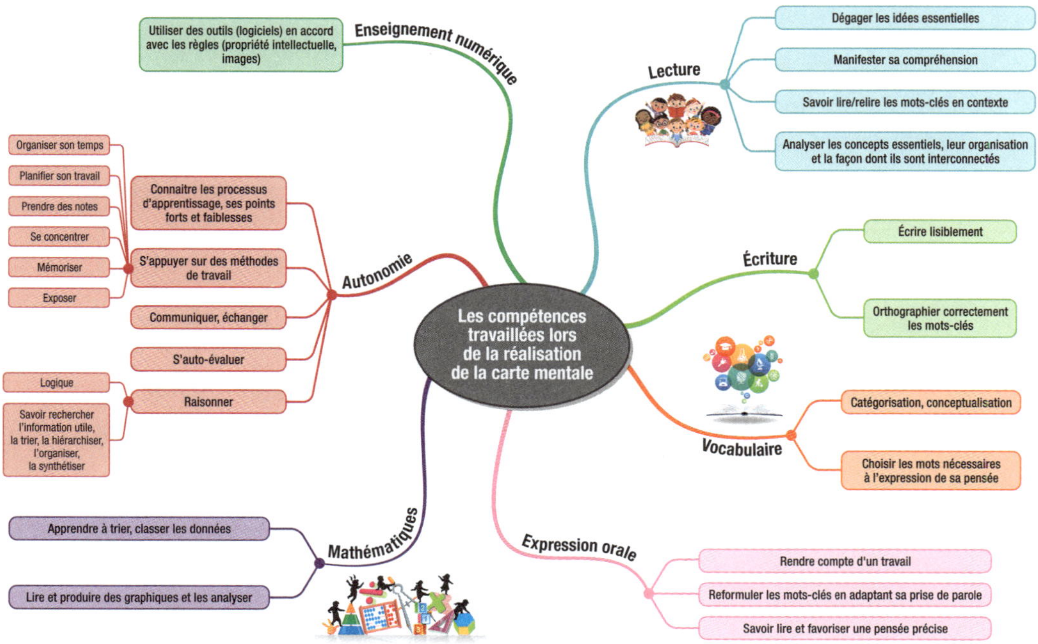

Généralisation des compétences travaillées lors de la réalisation d'une carte mentale au cycle 3

Les trois parties suivantes listent de façon linéaire l'ensemble des compétences que l'on peut stimuler lors de l'utilisation de la carte mentale. C'est à l'enseignant de choisir celles qu'il souhaite prioriser (objectif général, spécifique, opérationnel, notionnel, comportemental ou langagier). Elles sont issues des nouveaux programmes 2015/2016 et se répartissent dans leurs cycles respectifs.

Compétences du cycle 1

• Mobiliser le langage dans toutes ses dimensions

- Communiquer avec les adultes et avec les autres enfants par le langage en se faisant comprendre.
- S'exprimer dans un langage syntaxiquement correct et précis.
- Reformuler pour se faire mieux comprendre.
- Pratiquer divers usages du langage oral : raconter, décrire, évoquer, expliquer, questionner, proposer des solutions, discuter un point de vue.
- Comprendre des textes écrits.
- Manifester de la curiosité par rapport à l'écrit.
- Participer verbalement à la construction d'un écrit.
- Écrire seul un mot.

• Construire les premiers outils pour structurer sa pensée

Dans ce domaine, ce sont principalement les nombres qui sont mis en avant (nombre, rang, quantité, suite orale et écrite).

Toutefois, la carte mentale peut aider l'élève à structurer ses nouvelles connaissances sur les nombres.

• Explorer le monde, se repérer dans le temps et l'espace

- Situer des évènements vécus les uns par rapport aux autres et en les repérant dans la journée, le mois ou la saison.
- Ordonner une suite de photographies ou d'images pour rendre compte d'une situation vécue ou d'un récit fictif entendu, en marquant de manière exacte succession et simultanéité.
- Orienter et utiliser correctement une feuille de papier, un livre ou un autre support d'écrit, en fonction des consignes, d'un but ou d'un projet précis.

Compétences du cycle 2

Français/oral

• Écouter pour comprendre des messages oraux ou des textes lus par un adulte

– Maintien d'une attention orientée en fonction d'un but.
– Repérage et mémorisation des informations importantes : enchainement.

• Dire pour être entendu et compris

Organisation du discours.

• Participer à des échanges dans des situations diversifiées

– Organisation du propos.
– Moyen de l'expression (vocabulaire, organisation syntaxique, enchainements…).

Français/écrit

• Comprendre un texte

– Mise en œuvre d'une démarche pour découvrir et comprendre un texte : identifier les informations clés et relier ces informations, identifier les liens logiques et chronologiques…
– Mobilisation des expériences antérieures de lecture et des connaissances qui en sont issues.
– Mobilisation de connaissances lexicales et de connaissances portant sur l'univers évoqué par les textes.

• Pratiquer différentes formes de lecture

Mobilisation de la démarche permettant de comprendre.

• Produire des écrits en commençant à s'approprier une démarche

– Identification de caractéristiques propres à différents genres de textes. Mise en œuvre d'une démarche de production de textes : trouver et organiser des idées, élaborer des phrases qui s'enchainent avec cohérence, écrire ces phrases.
– Connaissances sur la langue (mémoire orthographique des mots…).

• Mémoriser et se remémorer l'orthographe des mots fréquents et des mots irréguliers dont le sens est connu

– Vocabulaire des activités scolaires et vocabulaire spécialisé lié aux apprentissages disciplinaires.
– Séries de mots (mots relevant d'un même champ lexical, séries correspondant à des familles de mots, séries regroupant des mots ayant une analogie morphologique…).

Enseignements artistiques

• Mettre en œuvre un projet artistique

Mener à terme une procédure individuelle dans le cadre d'un projet accompagné par le professeur.

Questionner le monde

• Pratiquer des démarches scientifiques

Pratiquer, avec l'aide des professeurs, quelques moments d'une démarche d'investigation : questionnement, observation, expérience, description, raisonnement, conclusion.

• Pratiquer différents langages

- Communiquer en français, à l'oral et à l'écrit, en cultivant précision, syntaxe et richesse du vocabulaire
- Lire et comprendre des textes documentaires illustrés.
- Extraire d'un texte ou d'une ressource documentaire une information qui répond à un besoin, une question.
- Restituer les résultats des observations sous forme orale ou à l'aide d'écrits variés (notes, listes, dessins, voire tableaux).

• Mobiliser des outils numériques

Découvrir des outils numériques pour dessiner, communiquer, rechercher et restituer des informations simples.

• Se situer dans l'espace et le temps

Construire des repères temporels : ordonner des évènements.

Compétences du cycle 3

Français/oral

• Écouter pour comprendre un message oral, un propos, un discours, un texte lu

- Identification et mémorisation des informations importantes, enchainements et mise en relation de ces informations ainsi que des informations implicites.
- Repérage et prise en compte des caractéristiques des différents genres de discours (récit, compte rendu, reformulation, exposé, argumentation...), du lexique et des références culturelles liées au domaine du message ou du texte entendu.

- **Parler en prenant compte de son auditoire**

Organisation et structuration du propos selon le genre de discours : mobilisation des formes, des tournures et du lexique approprié (conte ou récit, compte rendu, présentation d'un ouvrage, présentation des résultats d'une recherche documentaire ; description, explication, justification, présentation d'un point de vue argumenté, etc.).

- **Participer à des échanges dans des situations de communication diversifiées**

– Présentation d'une idée, d'un point de vue en tenant en compte des autres points de vue exprimés.
– Organisation du propos.
– Construction et mobilisation de moyens d'expression (lexique, formules, type de phrase, enchainement...).
– Mise à distance de l'expérience et mobilisation des connaissances (formulation et reformulation, explicitation des démarches, des contenus, des procédures...).
– Lexiques propres aux différentes disciplines.

- **Adopter une attitude critique par rapport au langage produit**

– Autocorrection après écoute (reformulation).
– Fonctionnement de la syntaxe de la langue orale (prosodie, juxtaposition, répétitions et ajustement, importance des verbes) et comparaison avec l'écrit.
– Relevé et réemploi de mots, d'expressions et de formulations.

Français/écrit

- **Comprendre un texte littéraire et l'interpréter**

– Mise en œuvre d'une démarche de compréhension à partir d'un texte entendu ou lu : identification et mémorisation des informations importantes, en particulier des personnages, de leurs actions et de leurs relations ; mise en relation de ces informations, repérage et mise en relation des liens logiques et chronologiques ; mise en relation du texte avec ses propres connaissances ; interprétations à partir de la mise en relation d'indices, explicites, implicites, internes ou externes (inférences) au texte.
– Mobilisation de connaissances lexicales et de connaissances portant sur l'univers évoqué par les textes.
– Mise en relation de textes et d'images.

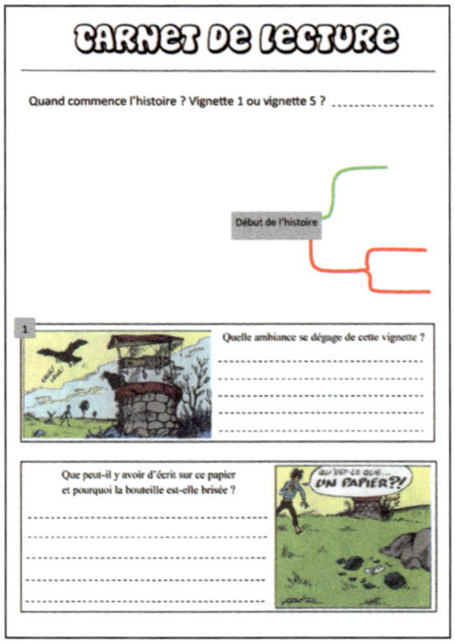

Exemple de carnet de lecture

- **Comprendre des textes, des documents et des images, et les interpréter**

– Mise en œuvre d'une démarche de compréhension : identification et hiérarchisation des informations importantes, mise en relation de ces informations, repérage et mise en relation des liens logiques et chronologiques, interprétations à partir de la mise en relation d'indices, explicites ou implicites (inférences).
– Mobilisation des connaissances lexicales.
– Identification, construction de différentes formes d'expression et de représentation (image, tableau, graphique, schéma, diagramme…).
– Apprentissage explicite de la mise en relation d'informations dans le cas de documents associant plusieurs supports (texte, image, schéma, tableau, graphique…) ou de documents avec des liens hypertextes.
– Mise en relation explicite du document lu avec d'autres documents lus antérieurement et avec les connaissances culturelles, historiques, géographiques, scientifiques ou techniques des élèves.

N.B. : Les programmes citent des exemples d'activités où la carte mentale est nommée pour la première fois : « Activités variées permettant de manifester sa compréhension des textes : rappel des informations retenues, réponses à des questions, paraphrases, reformulations, titre de paragraphes, représentation diverses (tableau, schéma, dessin, carte heuristique…). »

- **Recourir à l'écriture pour réfléchir et pour apprendre**

– Écrits de travail pour formuler des impressions de lecture, émettre des hypothèses, articuler des idées, hiérarchiser, lister.
– Écrits de travail pour reformuler, produire des conclusions provisoires, des résumés.
– Écrits réflexifs pour expliquer une démarche, justifier une réponse, argumenter.

- **Produire des écrits variés en s'appropriant les différentes dimensions de l'activité d'écriture**

– Mise en œuvre d'une démarche de production de textes : trouver et organiser des idées, élaborer des phrases, les enchainer avec cohérence, élaborer des paragraphes ou d'autres formes d'organisation textuelle.
– Pratique du « brouillon » ou d'écrits de travail.

Français/étude de la langue

- **Acquérir la structure, le sens, l'orthographe des mots**

– Mise en réseau de mots (groupements par champ lexical).
– Analyse du sens des mots : polysémie et synonymie, catégorisations (termes génériques/spécifiques).

Enseignements artistiques

• Mettre en œuvre un projet artistique

– Identifier les principaux outils et compétences nécessaires à la réalisation d'un projet artistique.
– Se repérer dans les étapes de la réalisation d'une production plastique individuelle ou collective, anticiper les difficultés éventuelles.
– Adapter son projet en fonction des contraintes de réalisation et de la prise en compte du spectateur.

• Analyser (histoire des arts)

Dégager, par l'observation et l'écoute, les principales caractéristiques techniques et formelles d'une œuvre d'art.

Histoire et géograhie

• Se repérer dans le temps : construire des repères historiques

– Ordonner des faits les uns par rapport aux autres et les situer dans une époque ou une période donnée.
– Mémoriser les repères historiques liés au programme et savoir les mobiliser dans différents contextes.

• Se repérer dans l'espace : construire des repères géographiques

Mémoriser les repères géographiques liés au programme et savoir les mobiliser dans différents contextes.

• S'informer sur le monde du numérique

– Connaitre différents systèmes d'information, les utiliser.
– Trouver, sélectionner et exploiter des informations dans une ressource numérique.
– Identifier la ressource numérique utilisée.

• Comprendre un document

– Comprendre le sens général d'un document.
– Extraire des informations pertinentes pour répondre à une question.

• Pratiquer différents langages en histoire et en géographie

– Écrire pour structurer sa pensée et son savoir, pour argumenter et écrire, pour communiquer et échanger.
– S'approprier et utiliser un lexique historique et géographique approprié.

• Coopérer et mutualiser

Apprendre à utiliser les outils numériques qui peuvent conduire à des réalisations collectives.

Sciences et technologie

• Pratiquer des démarches scientifiques et technologiques

– Proposer une ou des hypothèses pour répondre à une question ou un problème.
– Formaliser une partie de sa recherche sous une forme écrite ou orale.

• Pratiquer différents langages

– Rendre compte d'observations, d'expériences, d'hypothèses, de conclusions en utilisant un vocabulaire précis.
– Exploiter un document constitué de divers supports (texte, schéma, graphique, tableau, algorithme simple...).
– Utiliser différents modes de représentation formalisés (schéma, dessin, croquis, tableau, graphique, texte...).

• Mobiliser des outils numériques

Utiliser des outils numériques pour traiter des données, représenter des objets techniques.

Enfin, la place de la carte mentale est clairement affirmée dans les nouveaux programmes du collège, puisqu'elle est citée deux fois, en français et en SVT.

Une séquence interdisciplinaire en maternelle

Cette séquence pour des élèves débutants en carte mentale va permettre de lier l'enrichissement du lexique et le domaine « Questionner le monde » autour du thème du printemps.

Préparation de la séquence

Niveau

GS

Nombre de séances

3 séances

L'enseignant peut, dans un premier temps, créer sa propre carte mentale du projet qu'il souhaite mener avec sa classe. C'est son point de départ ou sa feuille de route en quelque sorte. Cette carte mentale n'est pas montrée aux élèves, mais elle va guider l'enseignant pendant toute la durée de la séquence.

L'enseignant commence cette séquence par la lecture d'albums sur le thème du printemps. Les objectifs sont ici de rappeler les connaissances antérieures, de confronter le monde de l'album et le réel, de fabriquer des images mentales, d'introduire de nouveaux mots et de mobiliser les élèves sur ce thème.

Voici une liste d'albums en lien avec le printemps :

- *Le Printemps des 999 têtards* – Ken Kimura – Ricochet 2010
- *Toujours rien ?* – Christian Voltz – Éditions du Rouergue 1999
- *Une si petite graine* – Éric Carle – Mijade Jeunesse 2003
- *Le Lapin de printemps* – Yannick Lefrançais – Bastberg 1998
- *Le Livre vert du printemps* – Sophie Coucharrière (documentaire) – Père Castor Flammarion 2013
- *Le Voyage de l'escargot* – Ruth Brown – Gallimard 2000

- *La Chenille qui fait des trous* – Éric Carle – Mijade Jeunesse 1999
- *La Fleur du potager* – Bénédicte Carboneil – La Classe 2010

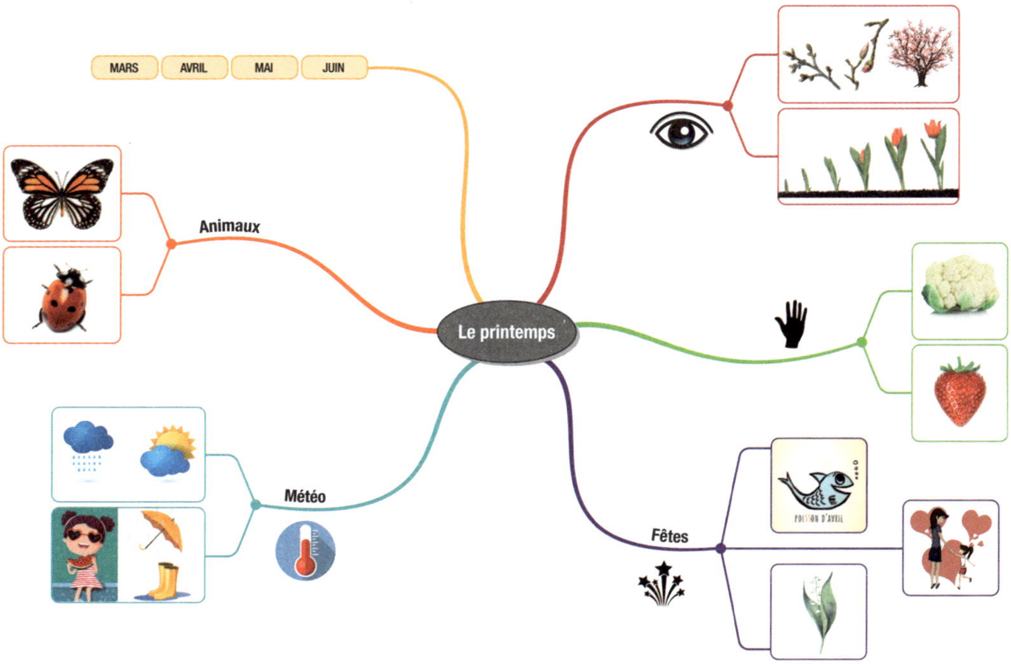

Carte mentale « Le printemps » pour l'enseignant

Séance 1 sur le lexique

Objectifs

- Faire émerger des mots du champ lexical sur le thème du printemps
- Faire manipuler les mots et se les approprier en proposant une situation de classement par carte mentale

Compétences

- S'exprimer à l'oral dans un vocabulaire approprié et précis
- Comprendre des mots nouveaux et les utiliser à bon escient
- Classer, catégoriser les mots en utilisant des marqueurs temporels
- Échanger et réfléchir avec les autres

Organisation

- Travail collectif (phase 1)
- Petits groupes (phases 2 et 3)

Matériel

- Le tableau de la classe
- Une affiche blanche grand format, 6 feuilles de couleurs différentes
- Les cartes-images

Durée

30 min/phase

Préparation

Après la phase 1, afin de permettre à des non-lecteurs la reformulation des idées qui auront été évoquées, l'enseignant se mettra en quête d'images représentant les mots et/ou expressions donnés par les enfants. Il expliquera à ceux-ci, au début de la phase 2, que ces images vont représenter les mots qu'il avait écrits, dans un premier temps, au tableau.

Déroulement

Cette séance se décline en deux phases sur deux jours bien distincts.

• Jour 1 - Phase 1 : le grand déballage

La fonction de la carte mentale qui va être réalisée est de révéler les conceptions innées sur le thème du printemps (phase d'interrogation pour faire émerger les représentations initiales des élèves, puis catégorisation des mots et conceptualisation).

L'enseignant lit le mot « printemps » en même temps qu'il l'écrit au tableau. Puis il donne aux élèves la consigne suivante : « *Vous allez dire tous les mots qui vous parlent ou qui vous font penser au printemps. Vous pouvez en proposer deux chacun.* »

Le grand « déballage » peut alors commencer. Les élèves proposent leurs mots et ceux-ci sont discutés collectivement (l'enseignant ne validera que les mots étroitement liés au thème, le vocabulaire issu de la littérature de jeunesse. Les mots éloignés, sans lien ou génériquement abstraits seront abandonnés). L'enseignant les écrit au tableau/sur le TBI de façon éparpillée. Si les mots ne viennent pas, il peut alors poser des questions pour orienter les propositions :

- *Quel temps fait-il au printemps ?*
- *Que porte-t-on ?*
- *Que voit-on dans la nature ? sur les arbres ?*
- *Que mange-t-on ?*
- *Quels animaux apparaissent au printemps ?*
- *Quelles sont les fêtes importantes au printemps ?*
- Quels sont les mois du printemps ?

Si les propositions des élèves s'avèrent un peu pauvres, l'enseignant pourra enrichir la liste de mots :

- en les proposant à la classe selon leur rencontre dans les albums ou les situations de classe ;
- en y associant l'observation des manifestations de la nature : collectes d'animaux, de végétaux qui seront exposés dans le coin sciences, par exemple (voir prolongement)... Ex. : Un élève apporte une tulipe. Après observation, l'enseignant « relie » la fleur au thème du printemps et demande à un enfant de dessiner la tulipe pour qu'elle soit ajoutée sur la grande affiche « carte mentale » en construction.

Ces ajouts de mots se feront sur la durée, c'est-à-dire sur le temps que dure la séquence sur le printemps (1 mois et demi). L'enseignant les fera valider durant les moments de regroupement.

Idées de mots et d'expressions

le soleil, un temps nuageux, la pluie, il fait chaud/beau, les feuilles qui poussent, les fleurs qui poussent, les petites bêtes (papillon, coccinelle, chenille), les graines, mars, avril, mai, juin, les fruits et légumes du printemps (kiwi, concombre, fraise, pomme de terre, framboise, asperge, citron, banane, avocat, chou-fleur...), les bottes, l'imperméable, les oiseaux, le pollen, les bourgeons, la floraison, printanier, une primevère, la tulipe, le jardinage, la fête des Mères, la fête du muguet, couleur...

• Jour 2 - Phase 2 : la classification des mots

L'enseignant, au début de cette phase, explique aux élèves : comme ils ne peuvent lire tous les mots qu'il avait écrits au tableau/TBI la fois précédente, il va les remplacer par des images. Il sera nécessaire d'opérer un temps de rappel : faire réactiver les mots issus de la phase 1 à l'aide des images.

Une fois que les élèves ont bien compris les images, leur dire : « *Maintenant, vous allez devoir classer toutes ces images. Comment pourrait-on les classer ?* »

Il est important de privilégier la discussion en petits groupes de façon à permettre à chaque élève de prendre la parole et d'exposer ses critères de classement. Il ne faut pas aller au-delà de 6 catégories. La catégorisation est un apprentissage assez long et complexe en maternelle qui demande à l'apprenant de savoir hiérarchiser les mots, comprendre le sens des mots associés, développer des concepts (critères, attributs, caractéristiques communes), puis encoder le contenu de ces catégories. C'est la raison pour laquelle il ne faut pas proposer trop de catégories (éviter un trop grand nombre de concepts à encoder).

Une fois les critères choisis, on cherche à nommer chaque catégorie par un mot générique (météo, végétaux par exemple…).

idées de classement

- **Je vois (végétaux)**
fleur, feuille, bourgeon, arbre vert
- **Je ramasse (fruits et légumes)**
kiwi, chou-fleur, fraise…
- **La météo**
pluie, soleil, nuage
- **Les mois**
mars, avril, mai, juin
- **Les animaux**
insectes, oiseaux…
- **Les fêtes**
du Travail (muguet), des Mères, le poisson d'avril

À ce stade et selon le niveau des élèves, on acceptera une forme de catégorisation « mixte », à savoir mots génériques et actions.

Lors de la mise en commun (qui peut être faite en grand groupe), l'enseignant propose l'affiche grand format vide de la carte mentale (voir ci-dessous). Il la nomme « carte mentale » et la présente rapidement : « *Sur cette grande affiche, vous avez ce qu'on appelle une carte mentale. J'ai écrit au centre "au printemps". Les rectangles colorés sont comme des maisons dans lesquelles on va ranger vos images.* »

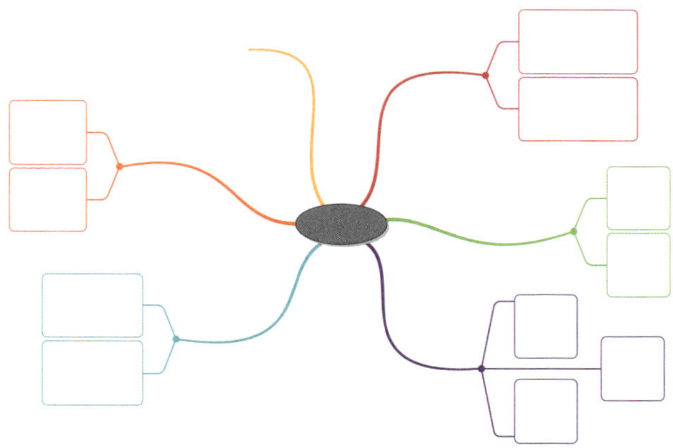

Exemple de carte mentale vierge

Si l'activité est reprise pour chaque saison, la carte mentale deviendra un outil familier qu'il n'est plus utile de présenter.

Dans cette séquence, parce qu'il s'agissait d'une première approche de la carte mentale, les élèves n'ont pas choisi les couleurs de chaque branche/catégorie. Si l'utilisation de la carte mentale devient récurrente en classe (pour chaque saison), on pourra laisser intervenir les élèves dans le choix des couleurs et même proposer des couleurs spécifiques pour chaque catégorie (par exemple, vert pour les végétaux, jaune pour la météo, etc.).

Les élèves viennent ranger à tour de rôle les images dans les rectangles colorés. Si les propositions respectent la classification qu'ils ont préalablement choisie, l'enseignant valide le rangement. (La classification proposée par les élèves peut être différente de celle envisagée par l'enseignant, à la condition que les choix opérés soient justifiés et pertinents.)
On peut écrire les « mots » génériques (« météo », « végétaux »...) sur les branches principales ou préférer des pictogrammes (l'œil pour « je vois », la main pour « je ramasse »...).

• Jour 3 et suivants - Phase 3 : la lecture de la carte

• En regroupement / collectivement
La carte est relue plusieurs fois (sur plusieurs jours) par l'enseignant seul, puis par des élèves. L'enseignant s'attache à suivre avec son doigt chaque branche en partant du centre vers le rectangle coloré et en formulant à chaque fois ce qui s'y trouve.

• En petits groupes
L'enseignant demande à un élève de venir « lire » une branche dans un premier temps. Celui-ci reformule ses idées en une phrase bien construite du type « Au printemps, je vois/mange... ». Il doit également suivre avec son doigt la branche lue en partant du centre de la carte mentale vers le rectangle tout en formulant sa phrase, comme l'a fait l'enseignant.

Le travail de lecture de la carte est possible en autonomie puisque l'affiche est mise à la disposition des élèves (à leur hauteur, sur un mur de la classe) pendant toute la durée de la séquence et même plus. Les élèves sont invités à faire des phrases correctes utilisant les mots de la carte. L'évaluation en fin de séquence va permettre de se rendre compte des acquis langagiers (syntaxe et lexique).

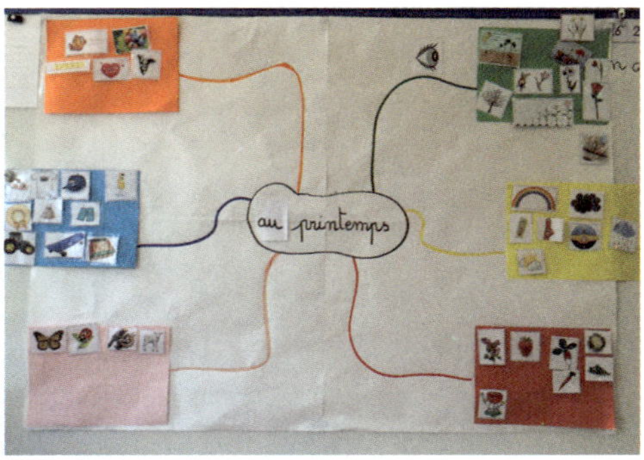

Séance 2 : le domaine « Explorer le monde »

Objectifs

Poursuivre l'appropriation des mots en affinant la catégorisation à partir de nouvelles connaissances

Compétences

- S'exprimer à l'oral dans un vocabulaire approprié et précis
- Comprendre des mots nouveaux et faire des liens entre les mots
- Classer, catégoriser les mots en utilisant ses nouvelles connaissances
- Échanger et réfléchir avec les autres

Organisation

- Travail autonome dans les pôles
- En petits groupes pour la catégorisation finale

Matériel

- L'affiche carte mentale et ses images
- Les images des activités dans les pôles
- Le matériel dans les pôles

Durée

15 min

La carte mentale affichée en classe devient le référent des projets menés en classe sur la période mais aussi le témoin des différents apprentissages proposés aux élèves dans les divers espaces de la classe. Elle s'enrichira donc, au fil des semaines, des nouvelles connaissances acquises par les élèves.

Préparation

L'enseignant recense les différentes activités autonomes qu'il peut proposer aux élèves sur le thème du printemps.

Soit il propose une affiche sur laquelle on retrouve les images/pictogrammes des différents ateliers, par exemple :

- l'image des étapes à suivre pour dessiner une coccinelle à dessiner ;
- une photo des bébés et des habits du coin poupée de la classe ;
- des cartes représentant la transformation de la chenille en papillon ;
- etc.

Les élèves auront ainsi une vue synthétique des différentes activités en lien avec le projet sur le printemps. L'affichage leur permettra d'être plus autonomes quant au choix des apprentissages qu'ils souhaitent mener.

Soit il crée des mini-plans de travail que les élèves réalisent de façon autonome sur un temps dédié (ci-dessous).

Voici quelques exemples d'activités que l'on peut mener dans les pôles spécifiques d'apprentissage.

Le pôle scientifique

- Tri d'images séquentielles montrant la transformation de la chenille en papillon, du têtard en grenouille, de la graine en fleur.
- Tri de graines.
- Tri de cartes fruits/légumes.
- Observation d'un bourgeon.
- Observation de petites bêtes (coccinelle, chenille, escargot, fourmi, mille-pattes...).
- Dessin puis schématisation d'une fleur.

Le pôle graphisme/écriture

- Dessin d'une coccinelle, d'un papillon.
- Dessin du poisson d'avril avec différents graphismes.
- Écriture des mois du printemps (avec des lettres tampons).

Le pôle « créativité »

- Projet pour la fête des Mères, pour le poisson d'avril, pour la fête du muguet.
- Création d'une petite bête ou d'une fleur avec différents matériaux.

Le pôle jeu

- Jeux du Mémory ou loto (fruits/légumes, les petites bêtes, les vêtements).
- Habillage des poupées en tenue de printemps.

Au coin regroupement

- La mise en place d'un calendrier du printemps avec les anniversaires, les fêtes, les activités de la classe.

En lien avec les apprentissages numériques et les premiers classements, des situations-problèmes peuvent également être mises en place :

- On s'interroge sur la façon dont on peut classer les petites bêtes du printemps.
- On cherche à trier les fruits et les légumes de la saison.

Déroulement

Ces différentes activités menées sur 3 semaines permettent de revenir sur la carte mentale de la classe et de travailler sur la classification des sous-branches (si le niveau des enfants le permet) lors de temps dédiés.

La classe est alors divisée en petits groupes. L'enseignant reçoit chaque groupe dans un espace calme pendant un petit quart d'heure. Il précise que les images placées dans les rectangles sont un peu mélangées et qu'il serait intéressant de mieux les trier. Il décroche les images et enlève le rectangle. Il questionne les élèves.

- *« Est-ce que toutes les images contenues dans le rectangle peuvent être regroupées ensemble ?*
- *Y a-t-il des images qui ne vont pas ensemble ? pourquoi ? »*

Le groupe s'installe autour de la branche avec les images. Les enfants réfléchissent à la façon dont on peut ranger les images. Lorsque le groupe s'est mis d'accord, et après validation de l'adulte, l'enseignant dessine autant de branches secondaires qu'il y a de sous-catégories. Les images sont recollées sur les sous-branches correspondantes. Les élèves relisent alors la branche avec la nouvelle catégorisation.

Par exemple, un groupe travaille sur la branche « Végétaux ». L'idée est de faire apparaitre la sous-branche « Fruits » et la sous-branche « Légumes » par le questionnement de l'adulte.

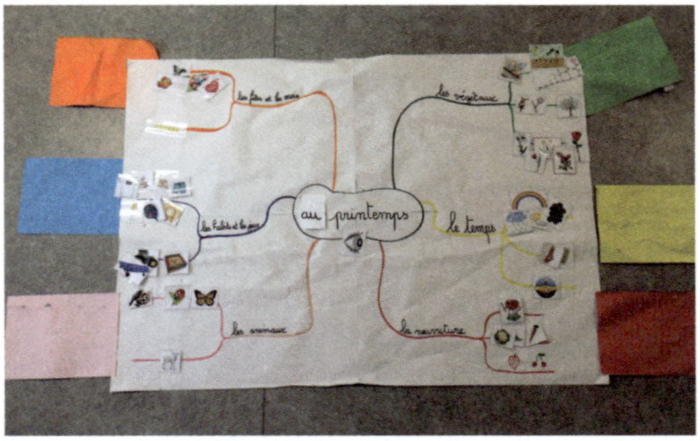

On procède de la même façon pour chaque branche, en changeant de groupe. Pour la branche « Animaux », on peut distinguer les mammifères (agneaux), les oiseaux et les petites bêtes (insectes), par exemple. Il serait intéressant de laisser les élèves s'exprimer et de définir leur choix de classement. L'enseignant valide les propositions cohérentes.

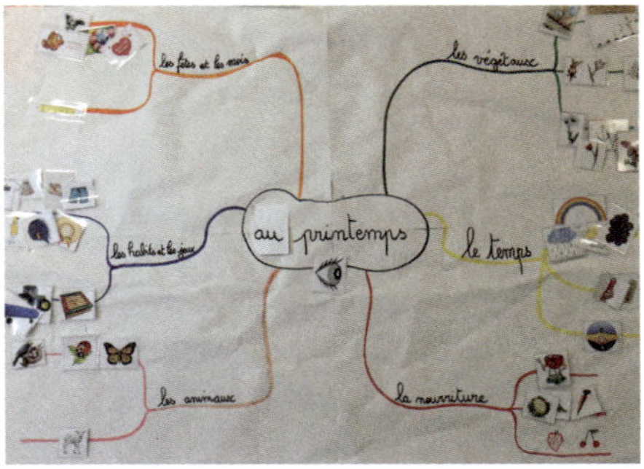

Le travail de lecture de la carte mentale modifiée est ensuite repris en grand groupe avec l'aide de l'enseignant, puis en petits groupes ou en autonomie (un temps dédié de langage peut être mis en place. L'enseignant observe alors les élèves sans intervenir).

On obtiendra des productions orales de phrases comme « Au printemps, je mange des fraises et du chou-fleur. »

Séance 3 : la séance d'évaluation

Objectifs

Passer d'un vocabulaire passif à un vocabulaire actif en organisant sa production orale de phrases

Compétences

Être capable de reconstruire la carte mentale et de la décrire

Organisation

Travail individuel

Matériel

- L'affiche carte mentale de la classe et ses images
- Ou une carte mentale vide au format A3 et les images des mots

Durée

10 minutes environ

Deux évaluations peuvent être proposées à la fin de la séquence :

- une évaluation de langage ;
- une évaluation sur la catégorisation des mots.

Préparation

Pour les deux évaluations, l'enseignant dispose de la grande affiche et des images qui devront être détachées de leur support.
L'enseignant peut également utiliser une carte mentale au format A3 et des images plastifiées adaptées.

Déroulement

• L'évaluation de langage

L'évaluation est individuelle : quand ils se sentent prêts, les élèves passent à tour de rôle avec l'enseignant qui aura une attitude bienveillante afin de favoriser l'expression de chacun.

L'enseignant donne la consigne suivante : « *Aujourd'hui, vous allez lire seuls la carte. Il faudra bien raconter les éléments en me formulant de jolies phrases bien construites.* »

L'enseignant ne sollicitera la description que d'une ou deux branches pour les élèves les plus fragiles.

L'explicitation de la catégorisation en sous-branches n'est pas un critère retenu pour cette évaluation.
Exemple de phrase attendue avec la branche « météo » : « *Au printemps, il fait beau ou il pleut. Il faut souvent s'habiller avec des bottes et un imperméable. On peut aussi se découvrir lorsqu'il fait beau et chaud.* »

L'enseignant prend une photo de la carte ou des branches lues et retranscrit parfaitement les phrases formulées par l'élève. L'ensemble est ajouté dans son carnet de suivi des apprentissages dans la partie « Langage ».

• L'évaluation de la catégorisation

Cette évaluation est également individuelle ; elle s'effectue sous forme de jeu. La consigne est la suivante : « *Tu dois reconstituer la carte mentale à l'aide des petites images. Tu les ranges dans les bonnes catégories et tu devras ensuite lire ta carte.* »

L'élève place les différentes images dans les rectangles colorés correspondant aux catégories qui auront été explicitées par l'élève. L'enseignant demande à l'élève de nommer les catégories puis il les écrit sur la carte plastifiée.

L'enseignant peut lui poser quelques questions pour comprendre ses critères et vérifier leur pertinence. Le classement peut être différent de la production collective pourvu que l'élève le justifie. L'enseignant prendra en compte le niveau de compétences des élèves. Il veillera à fournir un nombre d'images plus ou moins important et privilégiera la qualité de la production à la quantité.

L'enseignant, comme pour l'évaluation précédente, prend une photo de la carte reconstituée et l'annote des propos de l'élève. L'ensemble est également archivé dans son carnet de suivi des apprentissages.

Une séquence en production écrite (CM1)

Cette séquence pour des élèves ayant déjà manipulé les cartes mentales comprend plusieurs séances dont l'objectif est, à titre d'exemple, l'écriture d'un portrait.

Préparation de la séquence

Niveau

CM1

Nombre de séances

3/4 séances

Il n'y a pas de préparation matérielle particulière pour mener à bien cette séquence.

L'enseignant présente le projet d'écriture : « *Nous allons écrire le portrait d'un personnage. Nous allons lire des portraits qui vont permettre de savoir comment faire.* »

Le fait de lier la lecture et l'écriture va permettre d'engager les élèves de manière plus efficace en donnant du sens au projet d'écriture.

La lecture de portraits vise à mettre en lumière les critères de ce type d'écrit : il s'agit de comprendre l'organisation générale du texte (paragraphe, idées), les éléments à employer comme des mots précis, les connecteurs ou les reprises anaphoriques.

Par exemple, en lecture suivie, les élèves ont entouré puis nommé les éléments constitutifs (physique, vêtement, caractère) que l'on trouve dans le portrait de Willy Wonka dans *Charlie et la chocolaterie* au chapitre 14. Ils ont mis en évidence les adjectifs qui qualifient le corps, les yeux, le nez, les cheveux et le caractère... Ces détails ont permis de différencier le portrait physique du portrait moral.

Ils ont ensuite relevé les comparaisons avant de s'entrainer à l'écriture de ce style de phrases (dans des gammes d'écriture).

Chap 14	Willy Wonka

1 Lis le portrait de Willy Wonka

Quel extraordinaire petit homme que ce Mr Wonka !

Il était coiffé d'un chapeau haut de forme noir. Il portait un habit à queue d'un beau velours couleur de prune. Son pantalon était vert bouteille. Ses gants étaient gris perle. Et il tenait à la main une jolie canne à pommeau d'or.

Une petite barbiche noire taillée en pointe – un bouc – ornait son menton. Et ses yeux étaient merveilleusement brillants. Ils semblaient vous lancer sans cesse des regards complices pleins d'étincelles. Tout son visage était, pour ainsi dire, illuminé de gaieté, de bonne humeur.

Et, oh ! Comme il avait l'air futé ! Plein d'esprit, de malice et de vivacités ! Il avait de drôles de petits gestes saccasés, sa tête bougeait sans cesse et son regard vif se posait partout, enregistrait tout en un clin d'œil. Tous ses mouvements étaient rapides comme ceux d'un écureuil.

Oui, c'était bien ça, il ressemblait à un vieil écureuil vif et malicieux.

Roald Dahl, *Charlie et la chocolaterie*, traduit par Élisabeth Gaspar, © Éditions Gallimard Jeunesse.

2 Entoure les différentes parties du portrait de Willy de couleurs différentes.

3 Définis chaque partie en quelques mots.

1re partie ....

2e partie ....

3e partie ....

4 Colorie deux phrases exclamatives.

5 Pourquoi Willy Wonka est-il comparé à un écureuil ?

....

....

....

....

....

En anglais, les élèves ont appris quelques adjectifs, le vocabulaire du corps humain, les couleurs et les vêtements. Ils ont également travaillé les expressions « she/he is », « she/he is wearing » ou « she/he has got ». Par deux, ils ont créé un personnage qu'ils avaient découpé dans un magazine et l'ont présenté oralement à la classe (production d'environ 5 à 8 phrases).

Début de séquence : les premières idées

Objectifs

Trouver et organiser des idées pour produire un écrit (le portrait)

Compétences

- Produire des écrits variés en s'appropriant les différentes dimensions de l'activité d'écriture
- Rédiger un texte d'une quinzaine de lignes

Organisation

- Travail individuel

Matériel

- Une feuille blanche
- Des feutres
- Un crayon à papier

Durée

30 min

Déroulement

L'enseignant propose une première activité : « *Vous allez écrire le portrait d'un personnage de votre choix. Il doit être décrit physiquement et moralement. On peut aussi présenter ses attitudes, ses pouvoirs s'il en a et ses passions. Avant de commencer l'écriture, vous allez organiser vos idées sous la forme d'une carte mentale.* »

Dénuée de tout sentiment personnel, la description d'un personnage typé ou connu (monstre, sorcière, personnage de BD, de dessin animé...) est souvent plus facile que celle d'un personnage proche (camarade, famille).

Les élèves sont autorisés à le dessiner. Le portrait visuel est un support intéressant qui permet, entre autres, la validation et le questionnement oral.

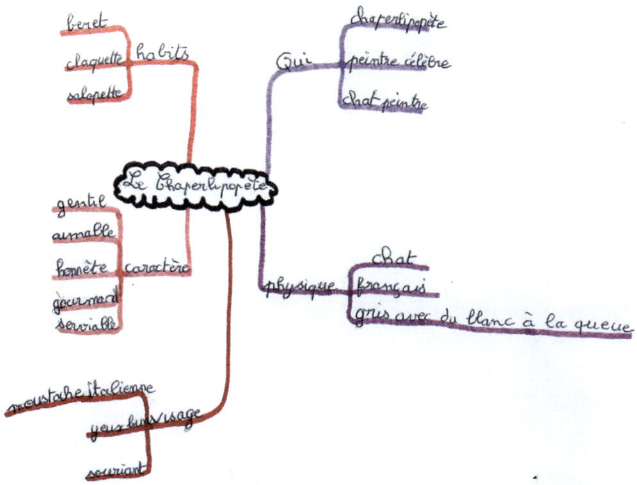

Exemple de carte élève

L'enseignant relève toutes les cartes mentales élaborées par les élèves et les analyse. Il vérifie :

- l'ordre des idées ;
- la présence ou l'absence de certaines parties ;
- la richesse du vocabulaire.

Milieu de séquence : premier jet

Objectifs

Réorganiser ses idées et produire un écrit (le portrait)

Compétences

- Produire des écrits variés en s'appropriant les différentes dimensions de l'activité d'écriture
- Rédiger un texte d'une quinzaine de lignes

Organisation

- Travail individuel

Matériel

- Une feuille blanche, des feutres, un crayon à papier
- Une feuille seyes

Durée

45 min

Étape 1

L'enseignant redonne les cartes mentales et demande aux élèves : « *Vous allez refaire vos cartes mentales en tenant compte des conseils qui vous ont été donnés individuellement.* »

Les élèves retravaillent leur carte mentale et réorganisent les idées en respectant un certain ordre dans les critères. Voici quelques conseils :

- Présenter le personnage en premier.
- Décrire son aspect physique avant son aspect moral.
- Regrouper certaines idées : les cheveux et les yeux, par exemple, font partie de la description physique. Ci-dessous, l'élève doit supprimer les branches bleue et orange et insérer ses critères dans la branche violette.

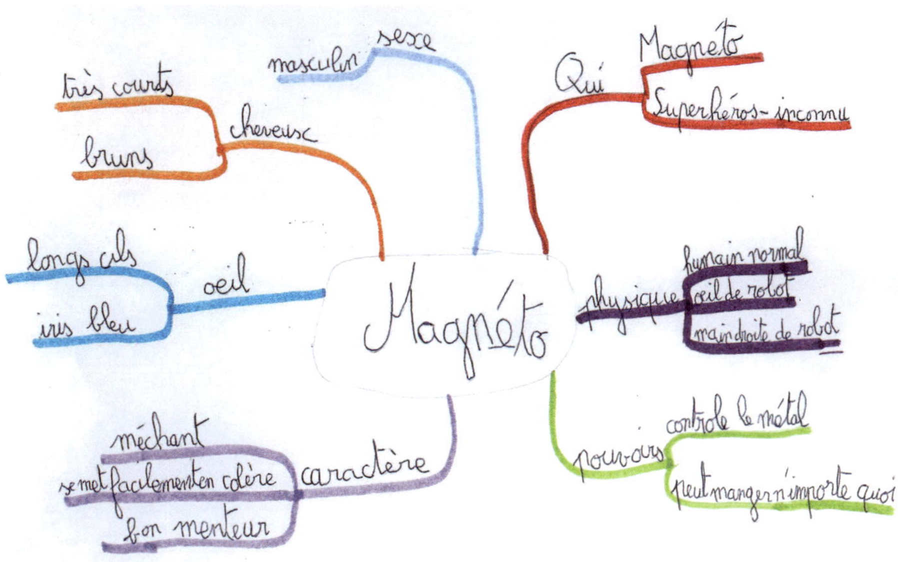

Première carte mentale (élève 3)

Le fait de réorganiser les idées à partir d'une carte mentale (visuelle) et non d'un texte permet aux élèves d'être beaucoup plus efficaces.

Voici des exemples de cartes mentales réorganisées.

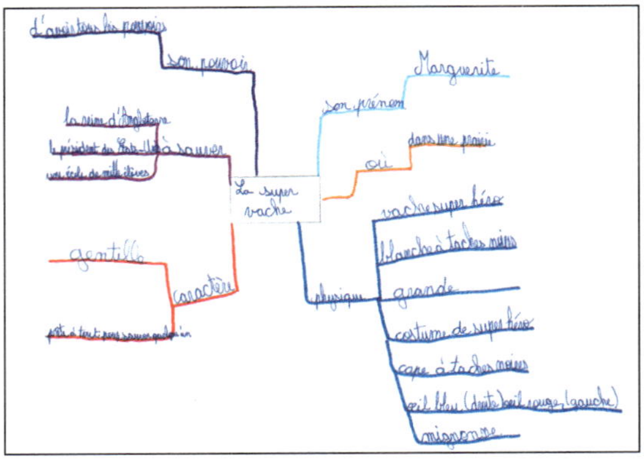

Première carte mentale (élève 1)

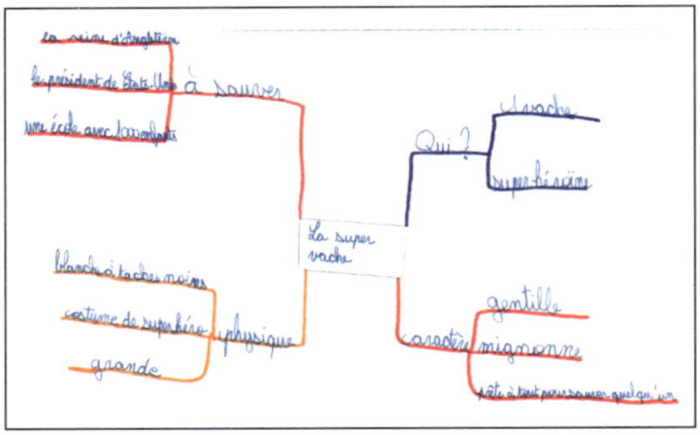

Deuxième carte mentale (élève 1)

Certains élèves n'avaient pas d'idées au départ. La seconde carte leur a permis de modifier le personnage ou d'étoffer leur description.

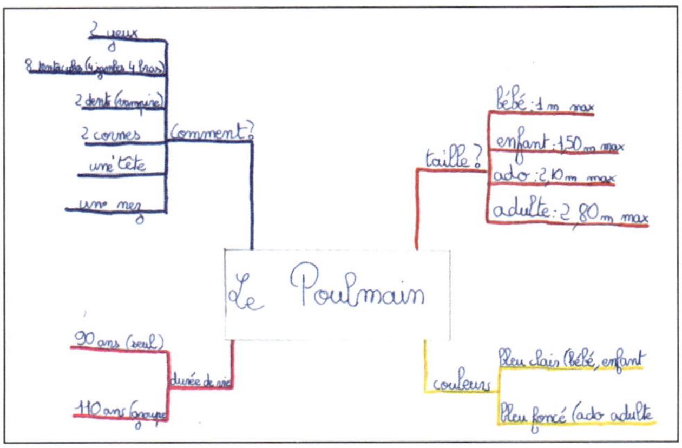

Première carte mentale (élève 2)

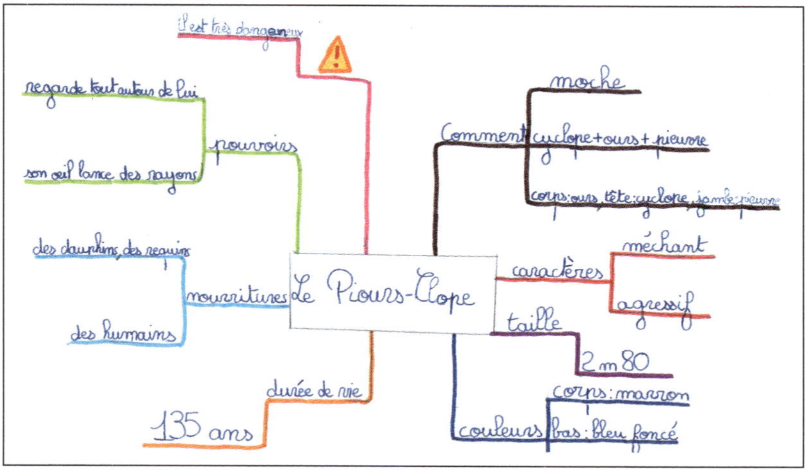

Deuxième carte mentale (élève 2)

Voici des exemples de cartes enrichies.

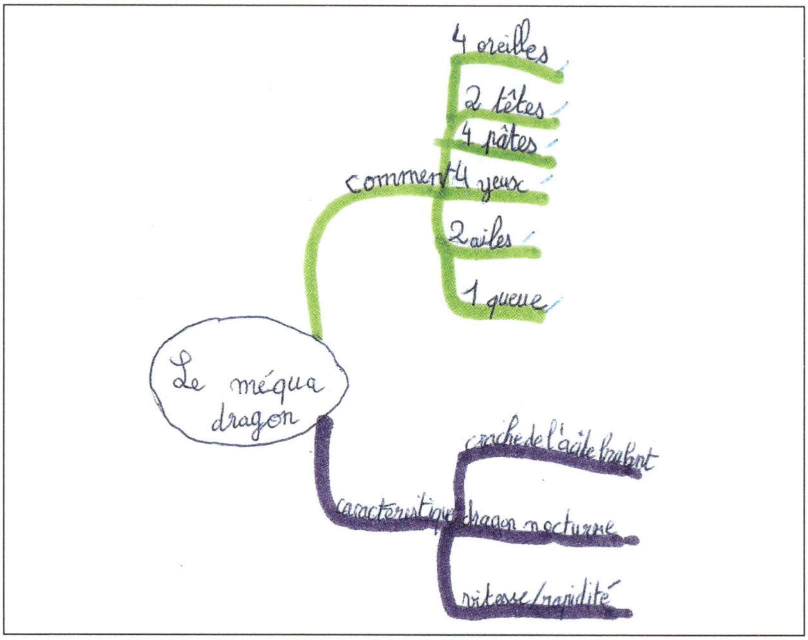

Première carte mentale (élève 5)

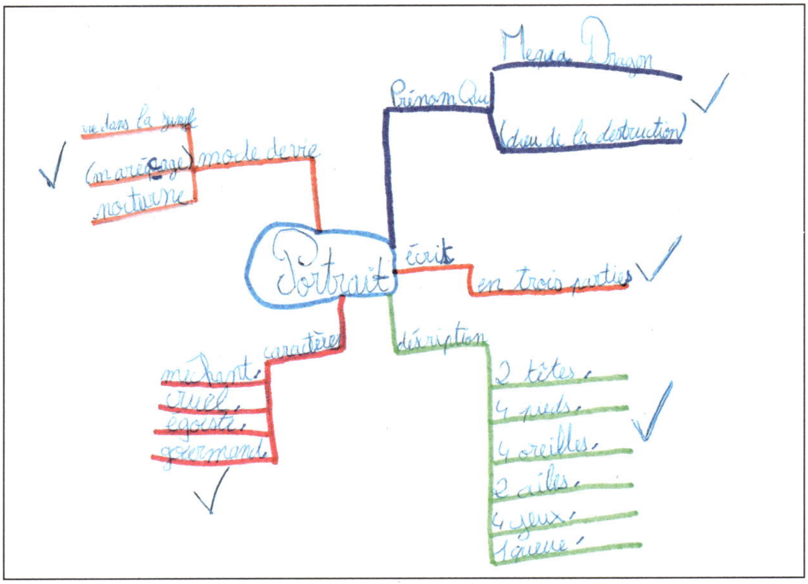

Deuxième carte mentale (élève 5)

La pause entre les deux cartes a permis à cette élève de se remobiliser dans l'écriture de son portrait. Elle a ainsi ajouté de nouveaux critères concernant le caractère. Elle a renommé sa branche rouge en « mode de vie ». Elle a souhaité mettre une branche « forme du texte » en dessinant la branche orange. Elle prévoit de faire trois parties :

- une description physique (branche verte) ;
- une description morale (branche rouge) ;
- une description du mode de vie (branche jaune).

Une fois leur carte mentale corrigée puis refaite, les élèves peuvent s'engager dans l'écriture du premier jet.

• Étape 2

L'enseignant explique l'activité suivante : « *À l'aide de votre carte mentale qui est votre fil conducteur, vous allez maintenant écrire votre portrait.* »

Voici quelques exemples de premier jet.

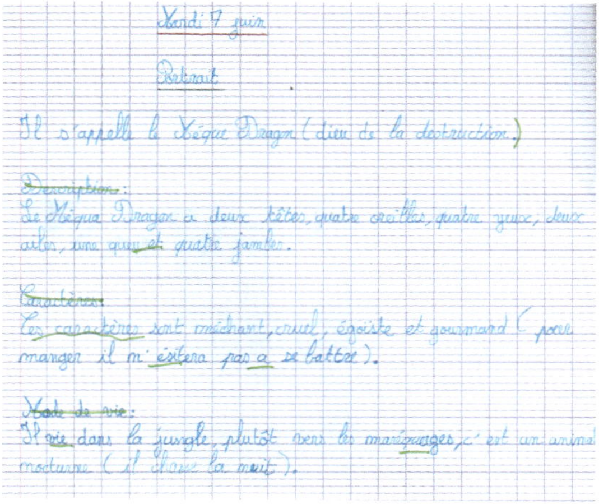
Mardi 7 juin

Portrait

Il s'appelle le Mégua Dragon (dieu de la destruction)

Description :
Le Mégua Dragon a deux têtes, quatre oreilles, quatre yeux, deux ailes, une queu et quatre jambes.

Caractères :
Ses caractères sont méchant, cruel, égoïste et gourmand (pour manger il n'esitera pas a se battre).

Mode de vie :
Il vie dans la jungle, plutôt vers les marécages, c'est un animal nocturne (il chasse la nuit).

Premier jet (élève 5)

Ce premier texte est bien structuré et organisé en paragraphes. Cette élève a présenté son portrait sous la forme d'une « liste » organisée de critères. C'est la difficulté que la plupart des élèves ont rencontrée. Il est difficile pour eux d'écrire un paragraphe sans l'avoir préalablement nommé/titré. C'est pourtant au lecteur de deviner à quel élément constitutif du portrait correspond le paragraphe développé.

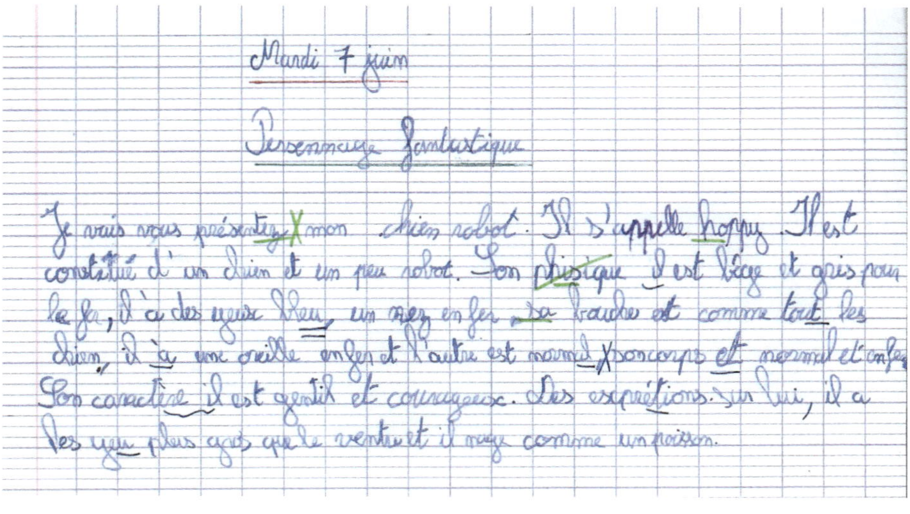
Mardi 7 juin

Personnage fantastique

Je vais vous présenter mon chien robot. Il s'appelle hoppy. Il est constitué d'un chien et un peu robot. Son physique il est beige et gris pour le fer, il a des yeux bleu, un nez en fer, sa bouche est comme tout les chien, il à une oreille en fer et l'autre est normal, son corps et normal et en fer. Son caractère il est gentil et courageux. Des expréstions sur lui, il a les yeu plus gros que le ventre et il nage comme un poisson.

Premier jet (élève 6)

Carte mentale associée (élève 6)

Dans le texte de la page précédente, l'élève a réussi à produire plusieurs phrases ; les idées sont bien organisées et fidèles à sa carte mentale. En revanche, on note l'absence de paragraphe.

Fin de séquence : la réécriture

Objectifs

S'autoévaluer et enrichir son portrait

Compétences

- Produire des écrits variés en s'appropriant les différentes dimensions de l'activité d'écriture
- Prendre en compte les normes de l'écrit pour formuler, transcrire et réviser

Organisation

- Travail collectif (grille)
- Travail individuel (réécriture)

Matériel

- La carte mentale vide de la grille de relecture
- Les écrits (cartes mentales et premier jet)
- Une feuille Seyès

Durée

1 heure

Préparation

L'enseignant corrige les premiers jets et hiérarchise les besoins pour enrichir les écrits. Pour ce projet, on se centre sur :

- la forme du texte ;
- les phrases du texte ;
- les mots du texte ;
- l'aspect physique ;
- l'aspect moral.

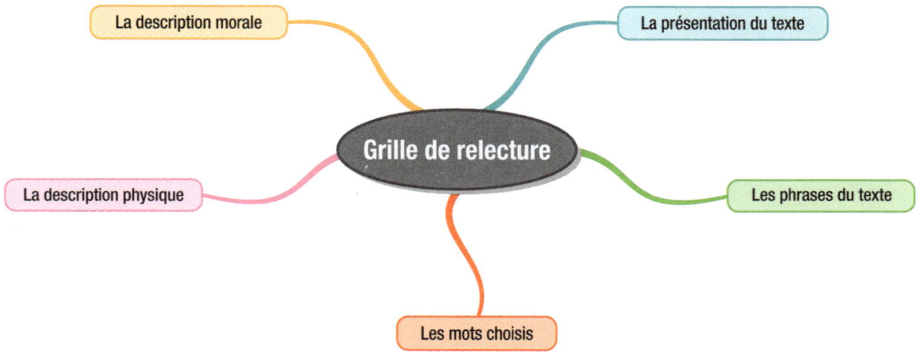

Déroulement

• Étape 1

L'enseignant explique la nouvelle tâche : « *Nous allons réfléchir ensemble afin de créer une grille de relecture que vous allez utiliser pour évaluer votre premier jet.* »

L'enseignant montre aux élèves la carte mentale de la grille de relecture qu'il a commencé à élaborer et qui représente les cinq points à développer. Une première discussion s'engage afin de compléter la branche bleue « La présentation du texte ». En prenant appui sur les annotations figurant sur leur premier jet et les observations faites sur les différents portraits, les élèves se mettent d'accord et proposent trois critères :

- la présence de paragraphes ;
- le saut de ligne entre chaque idée ;
- l'absence de liste.

Pour les phrases, ils retiennent la présence de la majuscule et du point et le problème de la répétition. En appui sur les besoins des élèves après l'analyse des premiers jets, l'enseignant leur propose de varier les sujets. Il rappelle aux élèves le procédé de Roald Dahl dans le portrait de Willy Wonka. (La comparaison est ainsi ajoutée).

Quant aux mots, les élèves notent les substituts et les connecteurs qui sont travaillés toute l'année. En relisant les premières cartes, les élèves relèvent l'importance et la place de l'adjectif dans le portrait. Le critère est également validé.

Les deux dernières branches sont rapidement complétées. Les élèves choisissent l'allure générale, le visage et les vêtements pour la description physique.

Pour l'aspect moral, on retrouve les qualités, les défauts et le comportement.

Les élèves complètent leur grille de relecture avec les critères que la classe a ainsi choisis.

• Étape 2

L'enseignant demande ensuite aux élèves d'analyser leur premier jet et de valider, ou non, la présence de ces critères. Ils annotent la carte avec des symboles : un V vert lorsque le critère est vérifié, une croix rouge lorsque ce point est à retravailler.

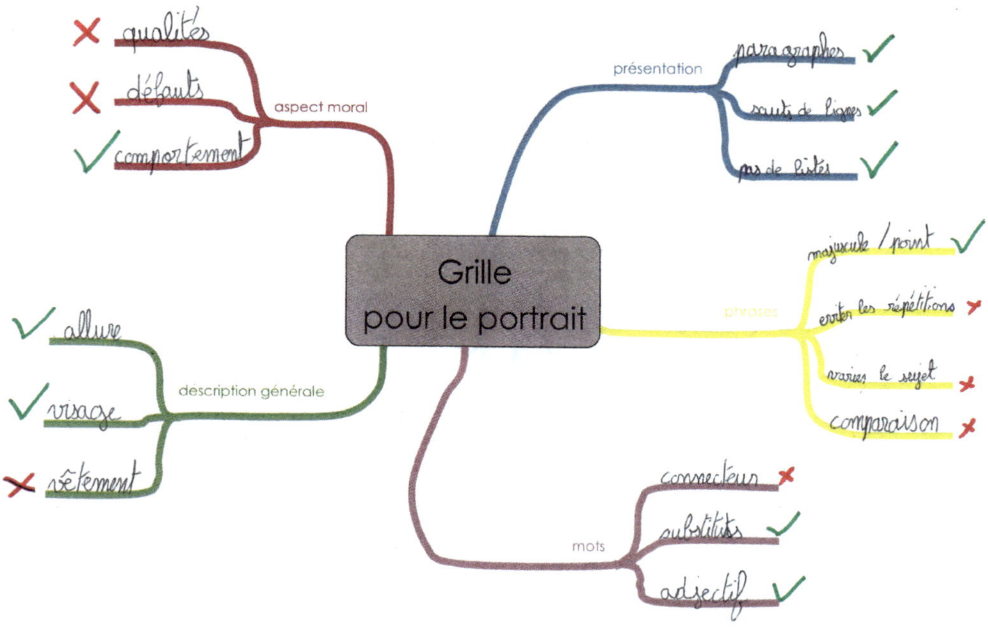

Grille de relecture (élève 2)

L'enseignant invite ensuite les élèves à reprendre leur premier jet en prenant en compte leur autocorrection sur la grille de relecture : « *Vous allez vous aider de votre correction et réécrire votre portrait en prenant en compte les critères que vous n'avez pas validés. Attention, il ne s'agit pas de refaire un portrait, mais d'enrichir ce que vous avez déjà écrit.* »

Les élèves utilisent la grille de relecture et leur premier jet pour améliorer leur portrait.

L'enseignant peut venir en aide aux élèves les plus en difficulté, tandis que les autres sont en autonomie.

La correction des fautes d'orthographe fera l'objet d'une attention particulière en fin de séquence lorsque les écrits seront restructurés.

Voici des exemples de portraits.

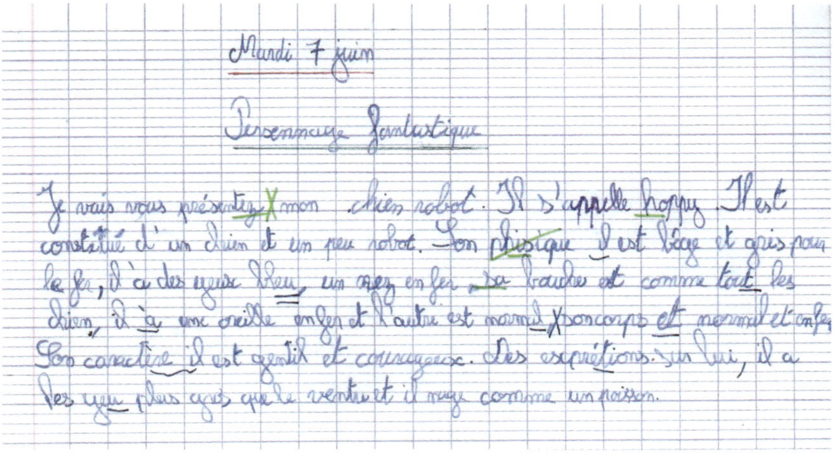
Mardi 7 juin

Personnage fantastique

Je vais vous présentez mon chien robot. Il s'appelle hoppy. Il est constitué d'un chien et un peu robot. Son physique il est bège et gris pour le fer, il a des yeux bleu, un nez en fer, sa bouche est comme tout les chien, il a une oreille en fer et l'autre est normal son corps et normal et en fer. Son caractère il est gentil et courageux. Des expétions sur lui, il a les yeu plus gros que le ventre et il mage comme un poisson.

Premier jet (élève 6)

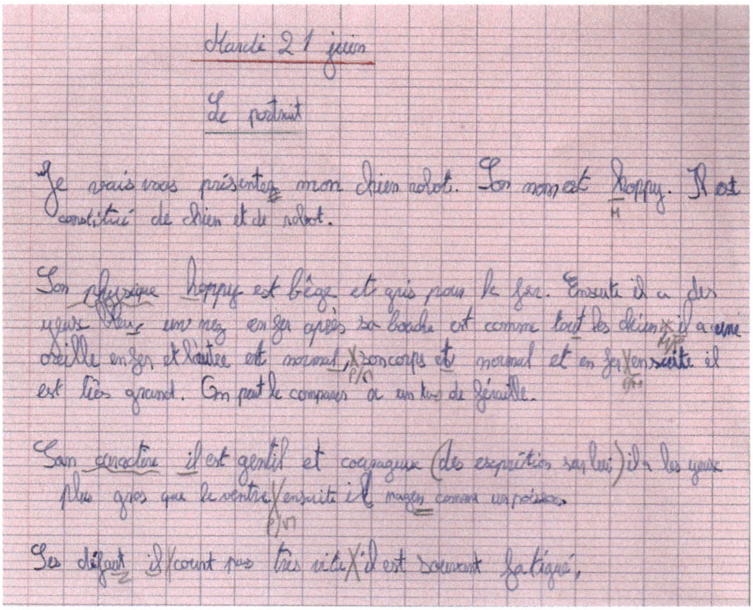
Mardi 21 juin

Le portrait

Je vais vous présentez mon chien robot. Son nom est hoppy. Il est constitué de chien et de robot.

Son physique hoppy est bège et gris pour le fer. Ensuite il a des yeux bleu, un nez en fer après sa bouche est comme tout les chiens il a une oreille en fer et l'autre est normal, son corps et normal et en fer ensuite il est très grand. On peut le comparer à un tas de féraille.

Son caractère il est gentil et courageux (des expétion sur lui) il a les yeux plus gros que le ventre ensuite il mange comme un poisson.

Ses défaut il court pas très vite il est souvent fatigué.

Deuxième jet (élève 6)

Le texte est bien découpé. L'écriture implicite des idées est encore à retravailler, tout comme la reformulation des phrases (segmentation et répétition de la structure « il a »). L'élève a retravaillé son texte pour ajouter des connecteurs et des comparaisons.

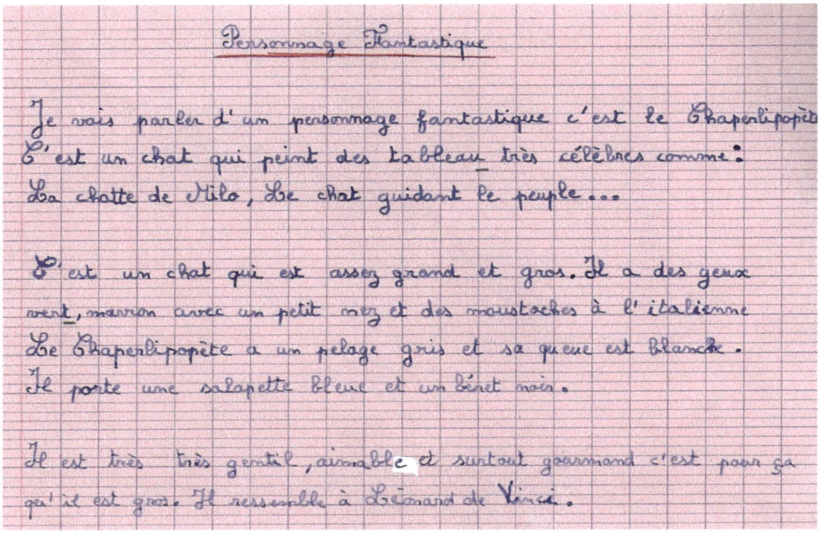

Personnage Fantastique

Je vais parler d'un personnage fantastique c'est le Chaperlipopète
C'est un chat qui peint des tableau très célèbres comme :
La chatte de Milo, Le chat guidant le peuple...

C'est un chat qui est assez grand et gros. Il a des yeux vert, marron avec un petit nez et des moustaches à l'italienne
Le Chaperlipopète a un pelage gris et sa queue est blanche.
Il porte une salopette bleue et un béret noir.

Il est très très gentil, aimable et surtout gourmand c'est pour ça qu'il est gros. Il ressemble à Léonard de Vinci.

Deuxième jet (élève 4)

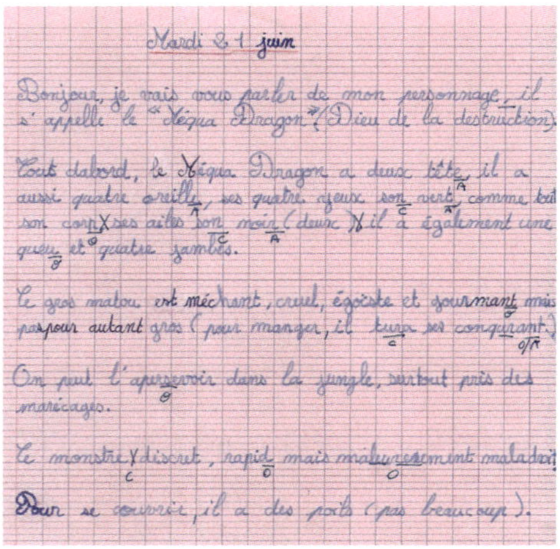

Mardi 21 juin

Bonjour, je vais vous parler de mon personnage, il s'appelle le « Méqua Dragon » (Dieu de la destruction).

Tout dabord, le Méqua Dragon a deux tête, il a aussi quatre oreille, ses quatre yeux son vert comme tout son corp ses ailes son noir (deux) il a également une queu et quatre jambes.

Le gros matou est méchant, cruel, égoïste et gourmant mais pas pour autant gros (pour manger, il tuer ses conquirant.)

On peut l'apercevoir dans la jungle, surtout près des marécages.

Le monstre discret, rapid mais malheuresement maladroit.

Pour se couvrir, il a des poils (pas beaucoup).

Deuxième jet + dessin (élève 5)

Le texte de l'élève 4 s'est enrichi de tous les éléments de la grille de relecture, tout comme celui de l'élève 5.

Des séances en étude de la langue (Cycles 2 et 3)

Les séances suivantes s'adressent aux élèves débutants ou ayant déjà manipulé les cartes mentales. Elles s'inscrivent à différents moments dans leur séquence respective.

- La première séance est une séance de vocabulaire : elle présente une démarche de catégorisation de mots en cartes mentales en début de séquence.
- La deuxième est une séance de grammaire sur les compléments du verbe.
- La troisième se situe à la fin d'une séquence de conjugaison (évaluation sur l'imparfait).

Préparation des séances présentées

Niveau

Cycles 2 et 3

Nombre de séances

3/4 séances

Pour chaque séance détaillée, l'enseignant peut créer ses propres cartes mentales de façon à mieux cerner les mots clés des notions étudiées. Celles-ci ne sont pas destinées aux élèves.

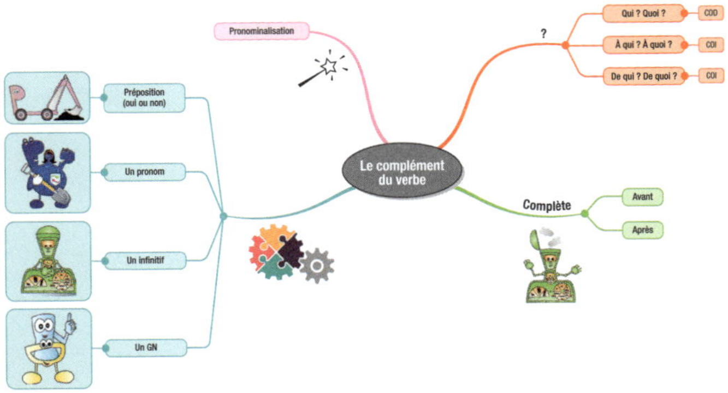

Exemple de carte mentale « Le complément du verbe » pour l'enseignant[1]

1. Utilisation des Tikis créés par Trois Plumes - Blog « les clés de la classe ».

Pour une première approche de la carte mentale, il convient de donner aux élèves le squelette d'une carte mentale.

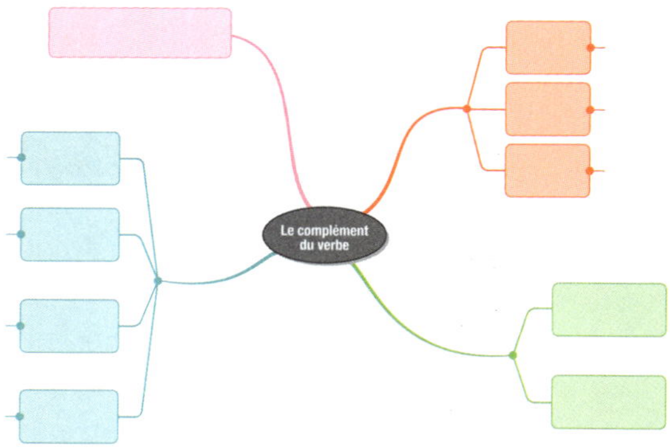

Exemple de carte mentale vide sur le complément du verbe

Avec des élèves qui ont déjà manipulé des cartes mentales, on pourra partir de la feuille blanche.

Séance de vocabulaire sur le mot « cœur »

Objectifs

- Faire émerger des mots du champ lexical du mot « cœur »
- Faire manipuler les mots et se les approprier en proposant une situation de classement avec une carte mentale

Compétences cycle 2

- Identifier des relations entre les mots, entre les mots et leur contexte d'utilisation
- Étendre ses connaissances lexicales, mémoriser et réutiliser des mots nouvellement appris

Compétences cycle 3

- Mise en réseau de mots (groupements par champ lexical)
- Analyse du sens des mots : polysémie et synonymie, catégorisations (termes génériques/spécifiques)

Organisation

- Travail collectif (phase 1)
- Travail individuel (phase 2)

Matériel

- Le tableau de la classe
- Une feuille blanche, des crayons de couleur

Durée

45 min

Cette séance propose une démarche identique à celle présentée dans le chapitre 5 sur le mot « printemps » (niveau maternelle).

Elle s'appuie sur les expérimentations dont le site Vocanet[2] rend compte. L'idée est de travailler un mot choisi en fonction « de sa fréquence, de sa richesse d'exploitation structurelle et sémantique et de son caractère plus ou moins usuel » tous les quinze jours environ. La démarche propose d'intégrer les notions au programme en liant la lecture, la grammaire et l'expression orale et écrite. Celle-ci se découpe en trois phases :

- Phase d'interrogation sur un mot pour faire émerger les représentations initiales.
- Phase de catégorisation.
- Phase d'institutionnalisation sur une notion du programme (ici, il s'agit de la polysémie).
- Phase de réinvestissement des mots et des structures syntaxiques en production écrite.

La séance présentée ici est la première de la séquence consacrée au mot « cœur ». Deux autres séances suivront, qui permettront d'expliquer ce qu'est la polysémie et de proposer des manipulations syntaxiques, notamment en produisant des phrases avec les différents sens du mot « cœur ».

Dans cette séquence, les élèves ont déjà manipulé les cartes mentales. La carte mentale va permettre de mobiliser les idées des élèves, de révéler leurs conceptions et de les catégoriser.

Phase 1 : le grand « déballage »

L'enseignant écrit au tableau le mot « cœur » et annonce aux élèves la consigne suivante : « *Vous allez écrire sur votre ardoise entre 3 et 5 mots qui vous font penser au mot* "cœur". »

Le grand « déballage » peut alors commencer. Les élèves proposent des mots et ceux-ci sont discutés collectivement. Il s'agit de vérifier si les mots proposés ne sont pas trop éloignés du mot référent. L'enseignant les écrit au fur et à mesure au tableau / sur le TBI :

- de façon éparpillée en cycle 2 ;
- en cycle 3, il y aura plus de mots et les élèves peuvent venir les écrire eux-mêmes.

L'enseignant enrichit la liste de mots en proposant de nouveaux mots au moyen de devinettes.

---

2. Site Vocanet de Jacqueline Picoche et Bruno Germain : www.vocanet.fr

Exemple de devinette : « *Je suis le médecin qui soigne le cœur. Qui suis-je ?* » (réponse attendue : le cardiologue).

Phase 2 : organiser les mots

La consigne est la suivante : « *Maintenant, vous allez devoir classer tous ces mots en les liant entre eux par un mot générique. Comment pourrait-on les classer ?* »

Dans cette séance, les élèves peuvent choisir de classer les mots :

- par un thème générique (organe, expressions au sens figuré, soin, métier...) ;
- par classe de mots (noms, verbes, adjectifs...) ;
- en mélangeant les classes et les thèmes génériques.

Les élèves ont déjà travaillé sur ce type de classement avec d'autres mots au cours de l'année.
L'enseignant les laisse réfléchir au classement possible sur leur ardoise. Souvent, les élèves privilégient un classement mélangeant la classe de mots et les thèmes génériques.

Puis vient la mise en commun. Après discussion, les mots regroupés sont entourés/surlignés d'une même couleur.

En cycle 2, l'enseignant peut organiser le classement au tableau sous la forme d'une fleur et demander ensuite aux élèves de la réorganiser en carte mentale sur leur feuille blanche. Chaque pétale de la fleur va devenir une branche dans la carte mentale.

L'enseignant doit toutefois privilégier l'utilisation de la carte mentale au cycle 3. Celle-ci a un intérêt bien précis : elle permet de visualiser les liens entre les mots et leurs génériques, et va plus loin en permettant une hiérarchisation des idées en sous-parties, ce qui ne peut être envisagé avec la corolle.

L'enseignant donnera aux élèves en difficulté le squelette d'une carte mentale pour qu'ils se concentrent sur la classification des mots en branches, objectif premier de la séance.

On proposera aux élèves de cycle 3 ayant déjà manipulé les cartes mentales de l'élaborer sans la classification préalable, c'est-à-dire en partant de la liste de mots éparpillés au tableau. L'objectif est de les faire travailler sur l'association des mots par branche, la technique d'élaboration de la carte étant déjà connue.

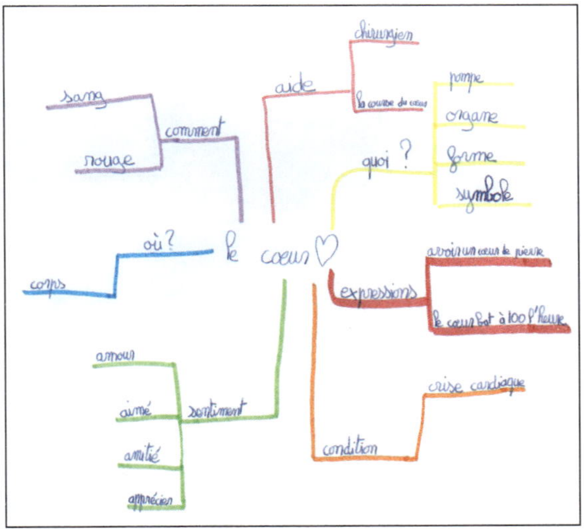

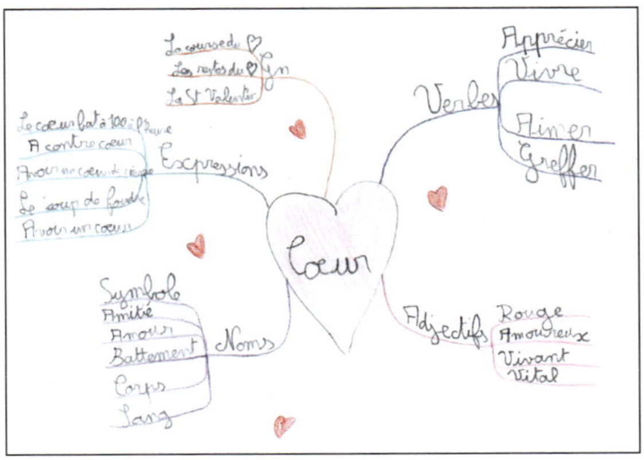

Ces deux exemples montrent une classification mixte (générique et classe) et une classification par classe.

Ici, l'élève a lié les mots d'une autre manière à partir d'une catégorisation mixte.

L'appropriation des mots est totalement différente d'un enfant à l'autre. C'est cette richesse qu'il est intéressant d'exploiter lors des mises en commun.

L'enseignant doit corriger les cartes mentales des élèves. Il reviendra sur les branches qui ne seraient pas judicieuses ou qui présentent des erreurs conceptuelles. Les cartes sont ensuite corrigées par les élèves.

À la fin de la séance, les élèves relisent individuellement leur carte, puis ils partagent cette lecture avec un camarade (lecture à deux).

Séance de grammaire sur le complément du verbe

Objectif

Institutionnaliser les compléments du verbe (COD et COI) à l'aide d'une carte mentale

Compétence cycle 3

Identifier les compléments du verbe : COD et COI (mise en évidence de la cohérence sémantique de la phrase et des groupes syntaxiques)

Organisation

Travail collectif puis individuel

Matériel

- Le tableau de la classe
- Une feuille blanche, des feutres de couleur
- Le squelette de la carte mentale du COD

Durée

45 min

Dans cette séance, les élèves vont réorganiser leurs connaissances et concevoir eux-mêmes la leçon sur le complément du verbe sous la forme d'une carte mentale (cycle 3).

Les élèves ont déjà manipulé les compléments en cherchant à les identifier dans des phrases analysées[3].

Phase 1 : Découverte du concept

Les élèves se regroupent par deux et l'enseignant leur distribue des phrases différentes contenant des compléments (une phrase par binôme). Un peu à la manière des exemples OUI/NON de Britt-Mari Barth[4], l'enseignant invite les élèves à formuler des questions : « *Il s'agit de trouver la leçon que j'ai en tête. Pour vous aider, je vais répondre OUI ou NON à vos questions : si je réponds OUI, c'est que vous avez mis en avant des caractéristiques de la leçon du jour. Lorsque je réponds NON, c'est que la notion mise en avant ne fait pas partie de la leçon. Les phrases que je vous ai distribuées ont toutes un point commun ; elles contiennent toutes la notion de la leçon.* »

3. Françoise Picot, *Faire de la grammaire en cours double CM1/CM2,* Canopé, CRDP de l'académie de Reims, 2014.
4. Britt-Mari Barth, *L'Apprentissage de l'abstraction,* Retz, 2013.

Les élèves tentent de trouver la notion qui fait l'objet de la leçon. Voici quelques questions et les réponses de l'enseignant :

- Les phrases ont toutes un verbe → OUI (leçon déjà faite)
- Elles ont toutes un sujet → OUI (leçon déjà faite)
- Elles ont toutes un complément de phrase → NON
- Elles ont toutes un complément du verbe (CdV) → OUI, c'est bien la leçon du jour

Puis, les élèves poursuivent les questions en tentant de définir la notion.

- Un CdV est après le verbe → OUI
- Un CdV est un nom → OUI
- Un CdV est un adjectif (seul) → NON
- On trouve un CdV en posant la question QUOI → OUI
- Etc.

Phase 2 : Organisation des connaissances

Les différentes notions sont recensées au tableau. Il faut maintenant les classer. L'enseignant peut s'appuyer sur les affiches référentielles de la classe représentant les pictogrammes et les structures de classement (*qui/quoi*, *où*, *quand*, *comment*, *j'entends*, *je vois*...) qui ont été élaborés avec la classe lors des leçons précédentes.

1. De quoi est-il constitué ? (quoi)
2. Quelle est sa place ? (où)
3. Quand apparait-il ? Quand est-il utilisé ? (quand)
4. Comment fonctionne-t-il ? Comment le trouve-t-on ? (comment)
5. Est-il transformable ?
6. Est-il supprimable, déplaçable ?
7. Je vois.
8. J'entends.

La carte mentale est réalisée collectivement. Pour le complément du verbe, on retient cinq caractéristiques que l'on place sur les branches principales : *quoi*, *où*, *comment*. Pour les caractéristiques « non supprimables » et « transformables », les élèves avaient proposé respectivement les pictogrammes « attention » et « baguette magique ».

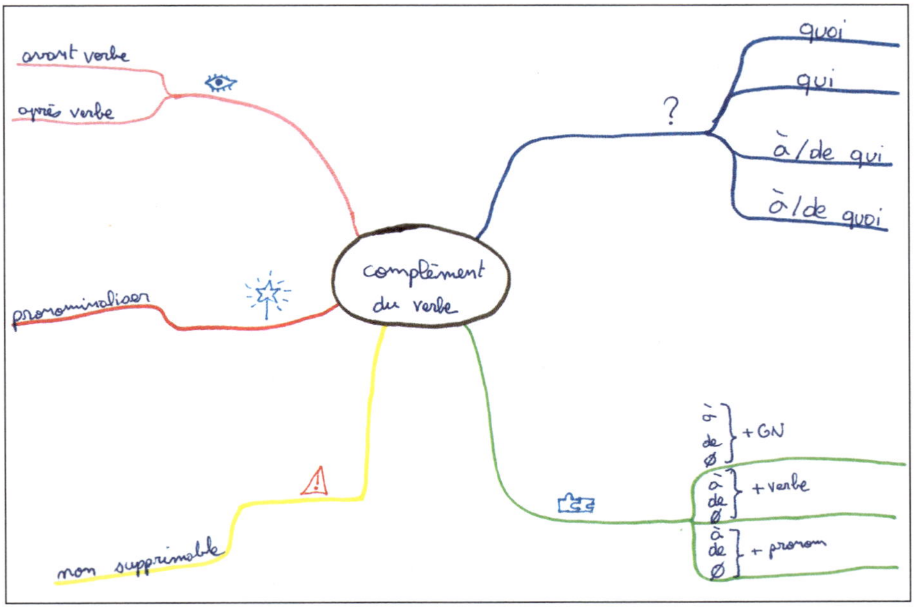

Exemple de carte mentale élève

Les élèves travaillent ensuite sur les sous-branches. Ils placent individuellement les notions au bon endroit sur leur carte.

Phase 3 : mémoriser les attributs

La séance se termine par la lecture de certaines cartes à la classe (l'enseignant peut ainsi corriger les élèves). Il invite une dernière fois les élèves à relire leur carte, à deux. Il est très important que les élèves reformulent correctement les branches en phrases. Il faut lever toute erreur d'interprétation des pictogrammes.

Prolongements et transfert

L'activité est reprise pour chaque nouvelle notion (adjectif épithète, complément de phrase, complément du nom, par exemple). La démarche est presque identique pour la recherche des caractéristiques. Par contre, les élèves peuvent travailler en autonomie sur la classification et la réalisation de la carte.

À noter : On peut procéder de façon identique sur la notion du « nom » par exemple avec des élèves de cycle 2[5].

5. Voir le blog « La classe d'Ameline » : https://laclassedameline.wordpress.com/2016/03/31/carte-mentale-le-nom/

Séance de conjugaison sur l'imparfait

Objectif

Restituer la leçon sur l'imparfait en carte mentale

Compétence cycle 3

Mémoriser les verbes fréquents (*être, avoir, aller, faire, dire, prendre, pouvoir, voir, devoir, vouloir*) à l'imparfait

Organisation

Travail individuel

Matériel

- Une feuille blanche
- Des feutres de couleur

Durée

20 min

Il s'agit ici d'évaluer les connaissances des élèves sur l'imparfait. Les modalités vont différer selon deux scénarios.

Dans le premier scénario, l'enseignant, en évaluant la capacité à réaliser une carte mentale, va également vérifier la compréhension de la leçon (réorganisation des caractéristiques de la notion et des liens entre les attributs).

Dans le second scénario, il va évaluer la restitution.

Scénario 1 classique

• Phase 1 : apprentissage à la maison

Les élèves doivent apprendre une leçon sur l'imparfait, à la maison : c'est une leçon avec une liste de verbes et des explications sous la forme d'un texte.

• Phase 2 : restitution en classe

En classe, l'enseignant propose la consigne suivante : « *Vous allez devoir me redire tout ce que vous avez appris sur l'imparfait. Tout doit être organisé en carte mentale.* »

Scénario 2 avec carte mentale

Dans une séance précédente, les élèves ont construit la carte mentale de l'imparfait. Son élaboration a été réalisée en suivant la démarche présentée lors de l'institutionnalisation du complément du verbe.

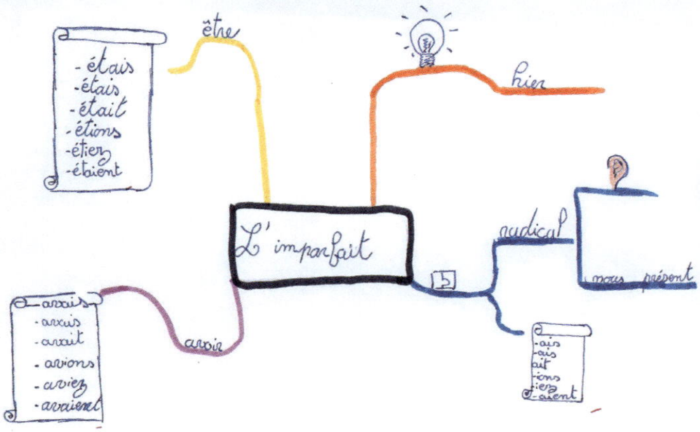

Carte mentale institutionnalisée

L'enseignant va ici évaluer les élèves sur la restitution parfaite de la carte mentale et la mémorisation que leur a permis de faire cet outil.

Les élèves, munis d'une feuille blanche, font de mémoire la carte qu'ils ont mémorisée.

Les exemples suivants sont le résultat du scénario 2. Il est intéressant d'analyser quelques cartes d'élèves.

Les cartes mentales ci-dessous ressemblent à celle qui était à apprendre (voir la carte mentale institutionnalisée).

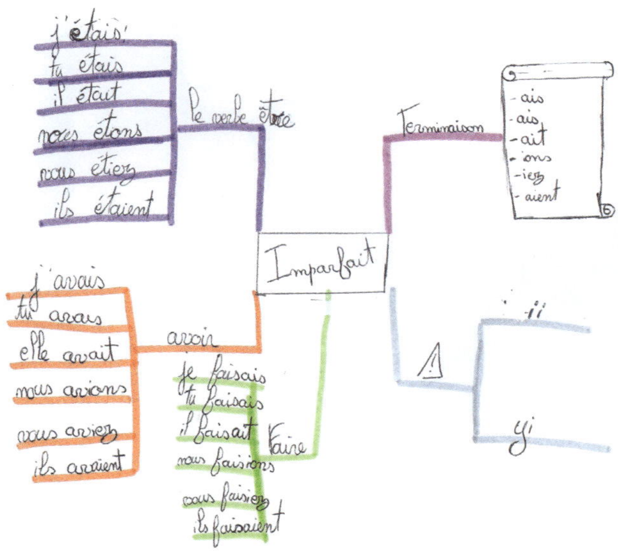

Exemple de carte mentale élève (1)

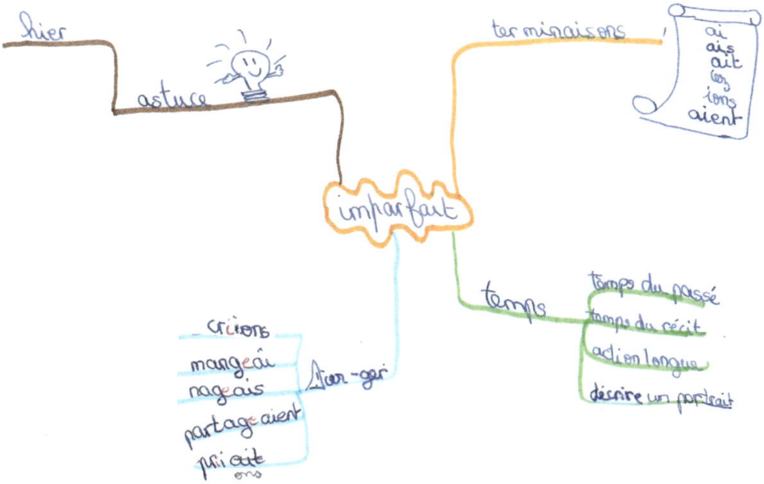

Exemple de carte mentale élève (2)

Il est intéressant de noter que certaines cartes ont été enrichies entre l'institutionnalisation et la restitution. En effet, on peut voir qu'un élève a ajouté une branche « attention » avec les deux *i* et le *yi*.

Un autre élève a précisé les conditions d'utilisation de l'imparfait (action longue, le récit, le portrait) et les difficultés de conjuguer les verbes particuliers (double *i*, présence du *e* pour les verbes en *-ger* aux première et deuxième personnes du pluriel).

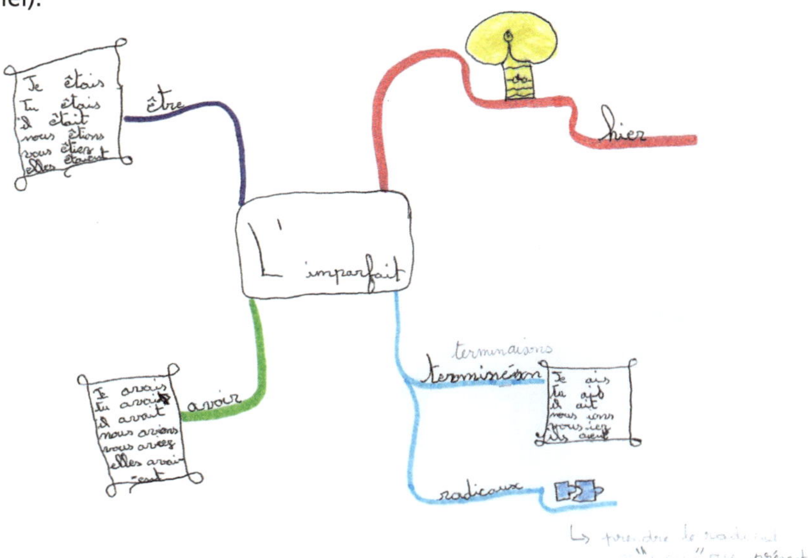

Exemple de carte mentale élève (3)

Enfin, cette dernière carte a été réalisée par une élève dyslexique qui ne peut pas conjuguer les verbes en raison de grosses difficultés orthographiques. On constate qu'elle a su parfaitement restituer sa carte mentale : seul le choix du radical n'est pas encore clair pour elle. On sait toutefois qu'elle est capable de mémoriser ses leçons, ce qui est un bon indicateur pour l'enseignant.

Avec ces exemples, on voit que les élèves s'approprient à la fois l'outil « carte mentale » et les notions à apprendre.
On constate que la carte mentale est un outil qui aide autant à structurer la notion, à organiser les connaissances, qu'à mémoriser celles-ci.

Des séances en histoire
(Cycle 3)

Les trois séances qui sont présentées dans ce chapitre s'adressent à des élèves ayant déjà manipulé les cartes mentales. Elles se situent à différents moments de leurs séquences respectives. La première va permettre aux élèves d'organiser leurs représentations premières sur la Première Guerre mondiale. La seconde présente une démarche de prise de notes sur la colonisation et sur les grandes découvertes. La dernière synthétise le travail mené sur la Première Guerre mondiale avant l'évaluation.

Préparation des séances

Objectifs

- Réaliser une carte mentale
- Travailler la prise de notes

Niveau

Cycle 3

Nombre de séances

3 séances

Il n'y a pas de préparation spécifique pour la première et la dernière séances présentées dans ce chapitre. En revanche, l'enseignant doit prendre quelques dispositions pour organiser la prise de notes de la seconde séance.

Pour varier les supports, il peut choisir de projeter un diaporama ou un film documentaire. Dans les deux cas, il doit apporter un soin particulier à l'analyse du support choisi et organiser sa séance en fonction des difficultés repérées.

• Le film documentaire (préparation de la séance p. 83 et suiv.)

Un documentaire comme « C'est pas sorcier » par exemple a un débit très rapide et une abondance d'informations qu'il convient d'étayer. Il faut :

- Choisir un support d'une durée raisonnable (25-30 minutes pour des CM).
- Cerner les idées essentielles du document sous la forme d'un plan.

- Préparer des questions dont les réponses/idées essentielles seront les branches principales de la carte.
- Cibler les passages dans lesquels se trouvent les informations/réponses intéressantes que les élèves devront trouver.
- Segmenter le document de façon à intégrer des pauses entre les moments les plus pertinents.

• Le diaporama (préparation de la séance p. 88 et suiv.)

Il s'agit de préparer un diaporama en insérant autant de parties qu'il y a de branches principales. Pour le diaporama que l'on peut faire sur la colonisation (niveau CM), on trouve par exemple cinq parties[1] :

- Les raisons de la colonisation.
- Les principaux continents colonisés.
  ou les colonies de la France en particulier.
- Ce qu'ils vont chercher.
- Ce qu'ils vendent.
- Les populations locales.

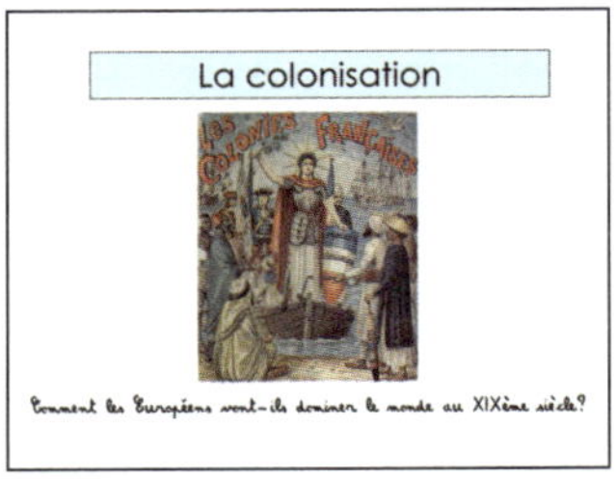

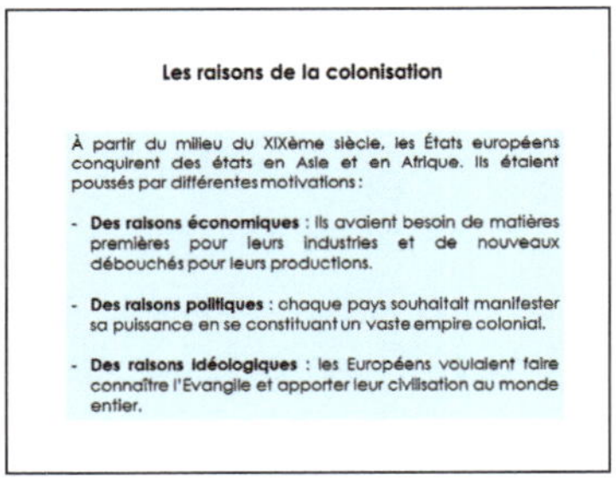

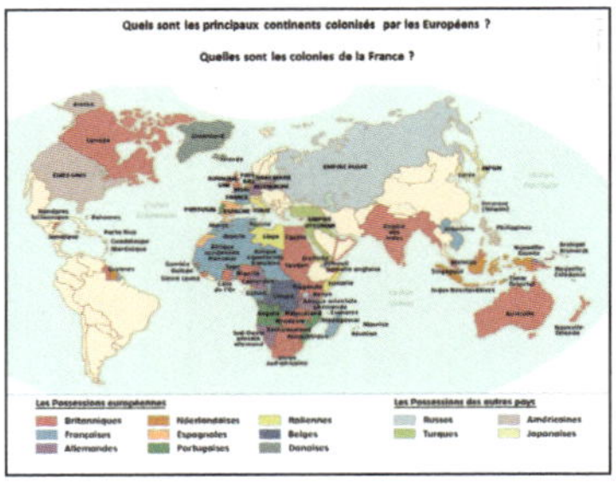

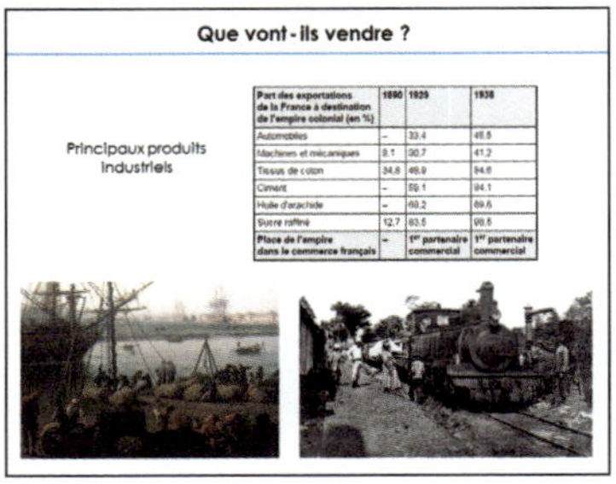

Part des exportations de la France à destination de l'empire colonial (en %)	1890	1929	1938
Automobiles	–	33.4	45.5
Machines et mécaniques	9.1	30.7	41.2
Tissus de coton	34.8	49.9	84.6
Ciment	–	59.1	84.1
Huile d'arachide	–	69.2	89.6
Sucre raffiné	12.7	83.5	98.5
Place de l'empire dans le commerce français	–	1er partenaire commercial	1er partenaire commercial

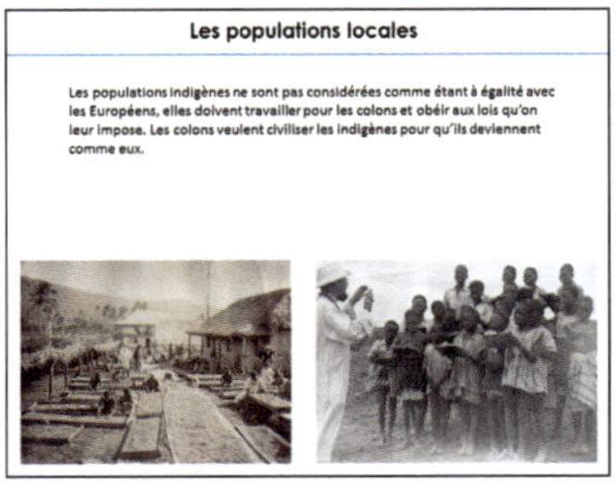

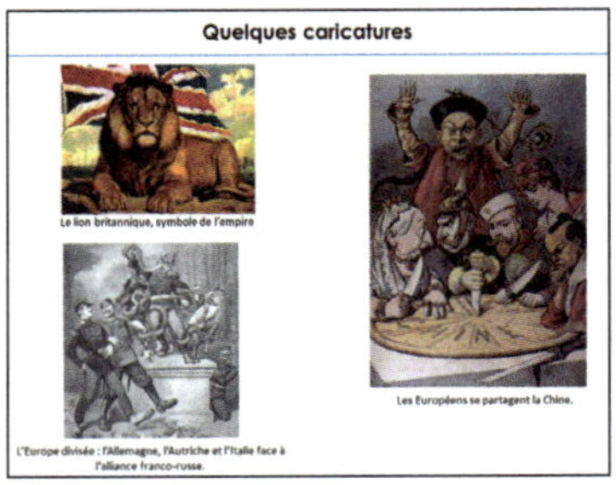

1. La dernière page « Quelques caricatures » ne sera pas traitée dans la carte mentale.

Début de séquence : les représentations premières avec une carte mentale

Objectifs

Faire émerger les représentations premières sur la Première Guerre mondiale

Compétences

Comprendre l'ampleur des deux conflits mondiaux dans leur contexte européen et mondial (CM2)

Organisation

Travail individuel

Matériel

- Une feuille blanche
- Les feutres de couleurs

Durée

30 min

Déroulement

Cette première séance va permettre aux élèves de confronter leurs représentations premières sur la Grande Guerre.

« Vous allez me dire tout ce que vous savez sur la Première Guerre mondiale. Vous allez construire une carte mentale en organisant toutes vos connaissances. Dans quelques jours, après avoir étudié le sujet, vous pourrez comparer ce que vous saviez et ce que vous avez appris. »

L'enseignant peut organiser un premier temps d'échanges au cours duquel les élèves confrontent les idées d'organisation de la carte qu'ils vont construire individuellement. Il ne s'agit pas de partager ses connaissances ; les représentations premières seraient alors faussées.

Les élèves réalisent ensuite leur carte.

À la fin de la réalisation, ils peuvent échanger sur les cartes réalisées et confronter leurs idées.

Les réponses données par les élèves permettent une évaluation diagnostique. L'aspect créatif de la carte stimule les élèves qui dédramatisent le manque de connaissances sur le sujet.

L'enseignant peut, quant à lui, utiliser les cartes de ses élèves pour préparer les séances, en mettant l'accent sur les points mal ou pas du tout maitrisés.

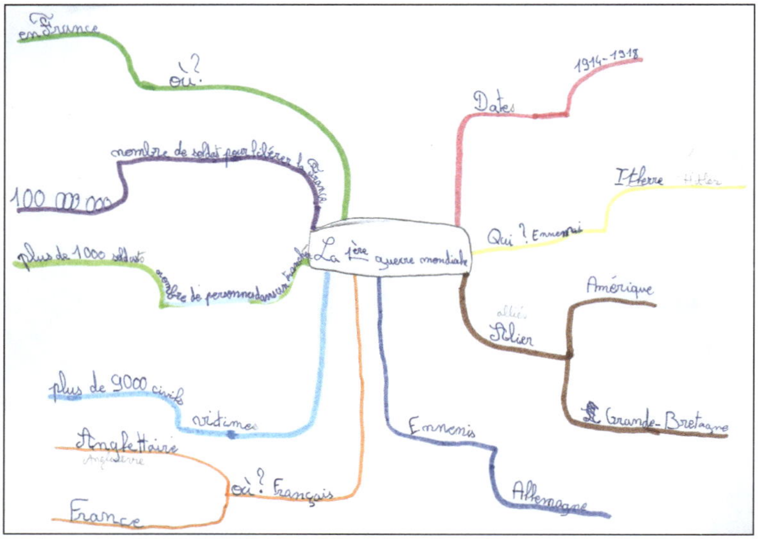

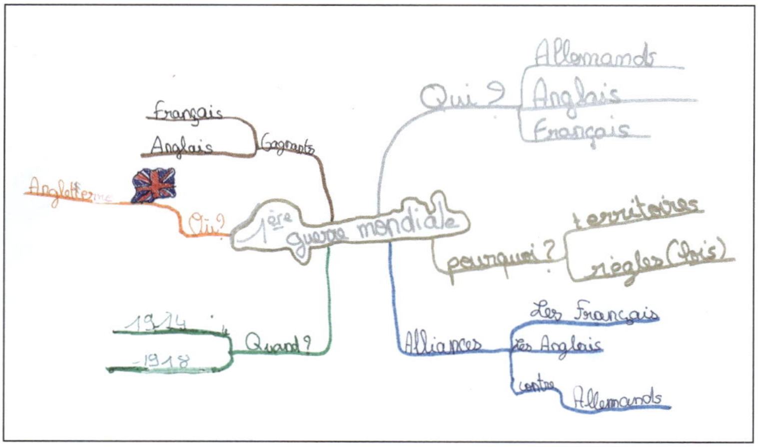

Exemples de cartes élèves

Les cartes mentales ci-dessus montrent que les élèves ont quelques connaissances sur le sujet (dates, alliances…). Le sujet doit cependant être approfondi (quels sont les pays concernés, les causes et les conséquences de ce conflit ?).

Milieu de séquence : une séance axée sur la prise de notes

Objectif

Prendre des notes et les organiser pour comprendre le sens général d'un document/thème

Compétence cycle 3

Comprendre la formation du premier empire colonial français (CM1 et CM2)

Organisation

Travail individuel

Matériel

- Film ou diaporama
- Feuille blanche ou squelette de la carte mentale

Durée

50 min

Séance sur les grandes découvertes en CM1

• Présentation

Cette séance vient expliquer les raisons et les conséquences des grandes découvertes dans la formation du premier empire colonial français.

L'enseignant, tout en préparant la carte mentale vide sur laquelle les élèves vont travailler, peut prévoir une carte mentale totalement remplie pour lui-même.

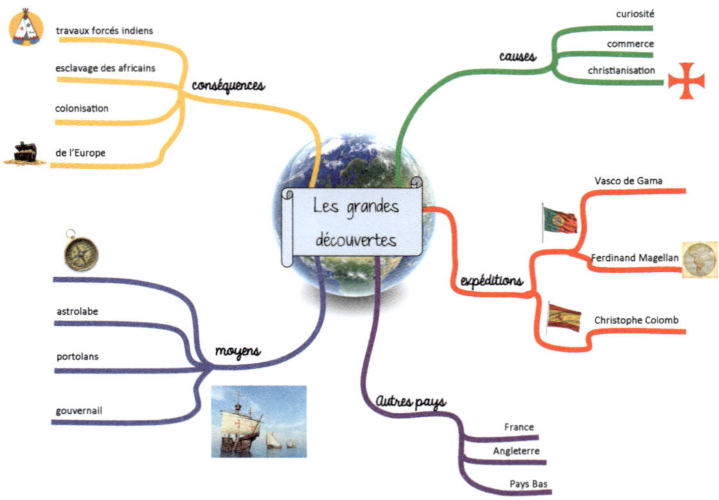

Carte mentale remplie pour l'enseignant

• Déroulement

L'exemple ici présenté a été réalisé en classe de CM1 et s'appuie sur le film documentaire du site TV sur les grandes découvertes. Il est déjà segmenté en quatre parties :

- « Christophe Colomb »
- « À bord d'une caravelle »
- « Les grandes découvertes »
- « Les conséquences des grandes découvertes »

L'enseignant présente la carte mentale aux élèves. Elle comprend plusieurs branches principales et quelques branches secondaires. Il leur explique ensuite quelle va être la démarche pour la remplir : « *Plusieurs petits films sur les grandes découvertes vont être diffusés. Vous allez prélever les informations importantes pendant le visionnage. Ces informations doivent être classées dans la carte mentale. Vous avez des questions pour orienter vos recherches et votre classement. Vous avez le droit d'ajouter des branches secondaires. Nous ferons des pauses et des rediffusions.* »

Afin d'aider les élèves à tirer le plus grand profit du visionnage du film, il convient de les aider à l'analyser et à l'interpréter. Pour chaque partie, une question est donc posée et oriente les recherches des élèves :

1. Quelles sont les causes des grandes découvertes ?
2. Qui sont les navigateurs et quelles ont été leurs découvertes ?
3. Quelles sont les inventions favorables à la navigation ?
4. Quelles sont les conséquences des grandes découvertes ?

On peut proposer deux types de cartes. Une carte organisée vide et/ou une carte organisée dont les branches principales sont déjà identifiées.

Les élèves complètent la carte mentale en prise de notes.

Entre chaque partie, l'enseignant peut guider les élèves, rediffuser la partie ou proposer une correction collective.

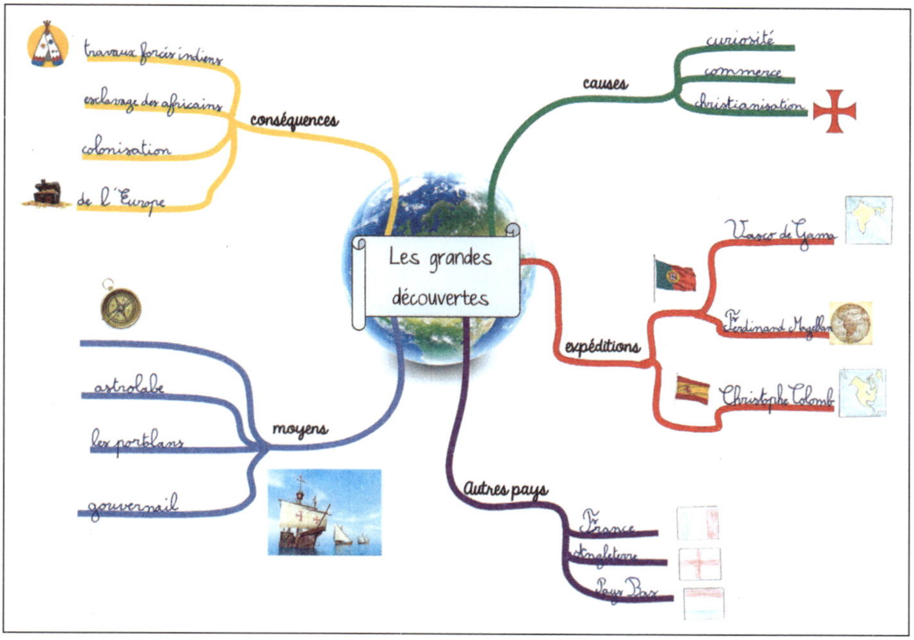

Carte mentale élève 1

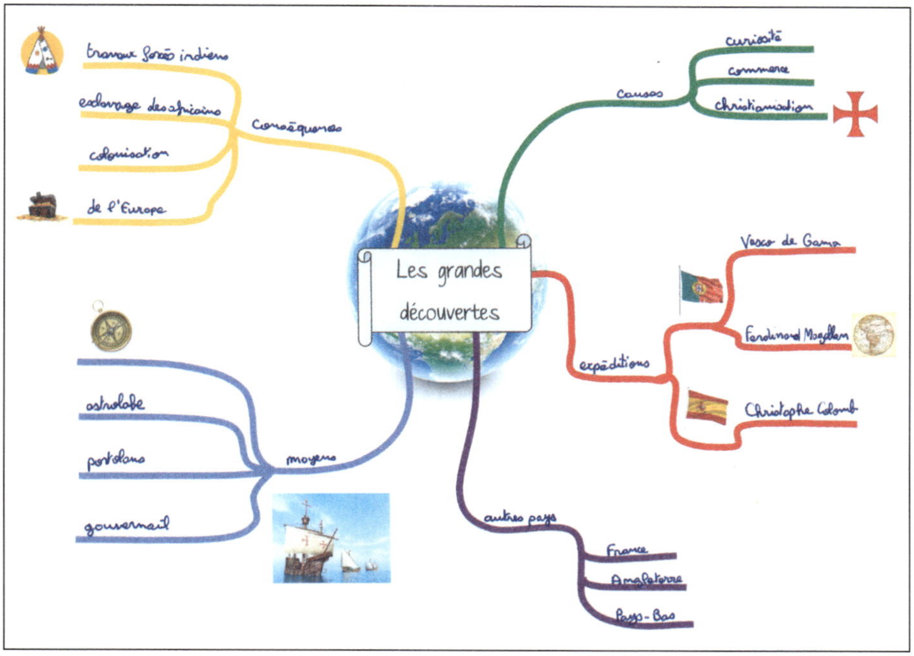

Carte mentale élève 2

Séance sur la colonisation en CM2

• Déroulement

Pour cette séance, on retrouve une démarche similaire à celle présentée ci-dessus. Seuls les supports changent. L'enseignant s'appuie sur un diaporama bien plus facile à visionner qu'un film où chaque diapositive peut être montrée aussi longtemps que nécessaire.

Il présente la séance : « *Vous allez construire une carte mentale sur la colonisation. Aujourd'hui, vous prélèverez les informations à partir d'un diaporama. Chaque partie du diaporama correspond à une branche principale. Les informations des branches secondaires se trouvent dans les différents documents des parties correspondantes.* »

C'est une feuille blanche qui est ici le support des élèves. On privilégiera ce point de départ avec des élèves qui manipulent souvent les cartes mentales. Mais avec des élèves moins expérimentés, une carte mentale à trous sera plus judicieuse.

L'enseignant peut étayer la tâche des élèves en proposant aussi des questions qui vont orienter les recherches des élèves (voir la partie « Préparation »).

Une fois le diaporama lancé, les élèves lisent les documents présents dans chaque diapositive. Ils transforment les informations prélevées en mots clés qu'ils organisent dans leur carte. L'enseignant peut interrompre le diaporama et procéder à la correction de la première branche, après la première partie.

La carte mentale ci-dessous a été réalisée par une élève de CM2 qui a travaillé au crayon à papier.

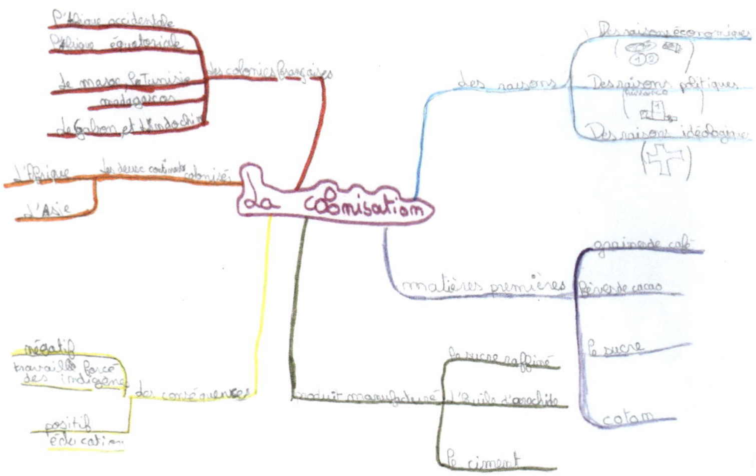

Exemple d'une carte élève.

Quelques exemples diffèrent de ceux choisis par ses autres camarades. À noter que l'organisation générale de la carte et le choix des couleurs ne sont surtout pas imposés. Cette élève a réussi à reformuler des phrases entières en groupes nominaux, ce qui représente un exercice difficile.

Les élèves confrontent leurs cartes mentales à la fin du diaporama. Ils échangent ensemble sur leur travail et peuvent le compléter. Ils s'entrainent ensuite à relire leurs cartes.

Fin de séquence : la carte mentale avant l'évaluation

Objectifs

Synthétiser ses connaissances sur la Première Guerre mondiale en carte mentale

Compétences

Comprendre l'ampleur des deux conflits mondiaux dans leur contexte européen et mondial (CM2)

Organisation

Travail individuel

Matériel

- Une feuille blanche
- Le cahier d'histoire
- Les feutres de couleurs

Durée

30 à 40 min

La séance présentée est dans la continuité de celle présentée en début de ce chapitre (séance sur les représentations premières).

Il s'agit pour les élèves d'organiser leurs connaissances sur la Première Guerre mondiale en carte mentale à partir des différents supports qui leur ont été proposés :

- une leçon en 3 grandes parties ;
- des documents d'appui comme des textes ou des cartes.

Cette séance finale sur la Première Guerre mondiale permet de vérifier si les élèves sont capables de restituer les grands traits de ce qui a été construit ensemble, de comprendre et d'analyser les textes et de les synthétiser avant l'évaluation.

Ce travail peut être fait en classe ou à la maison. L'enseignant ne donne pas de consigne particulière.

Voici quelques exemples de réalisations.

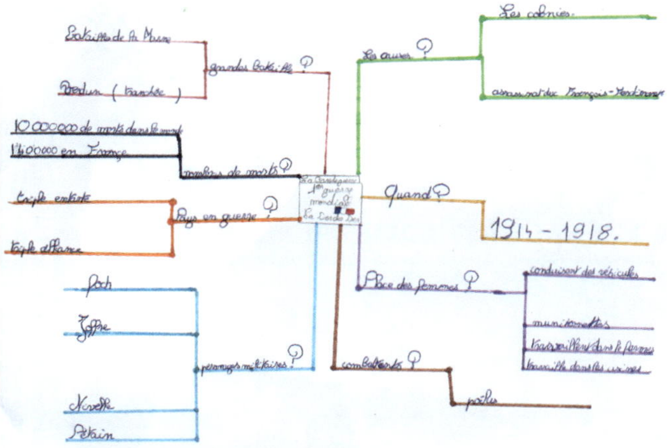

Exemple 1

L'élève propose une adaptation pertinente de sa leçon. Il est intéressant de revenir avec lui sur l'ordre des idées ici présenté : en effet, il est surprenant de voir la branche « Pays en guerre » à la fin de la carte (d'après son sens de lecture).

La carte suivante est originale dans son interprétation. L'élève a fait preuve de créativité en présentant les idées principales sous forme de petites fenêtres colorées que l'on soulève (2e carte). Ces fenêtres reprennent la couleur de chaque branche principale. L'élève a également ajouté des images, ce qui l'a sans doute aidée à mémoriser sa leçon.

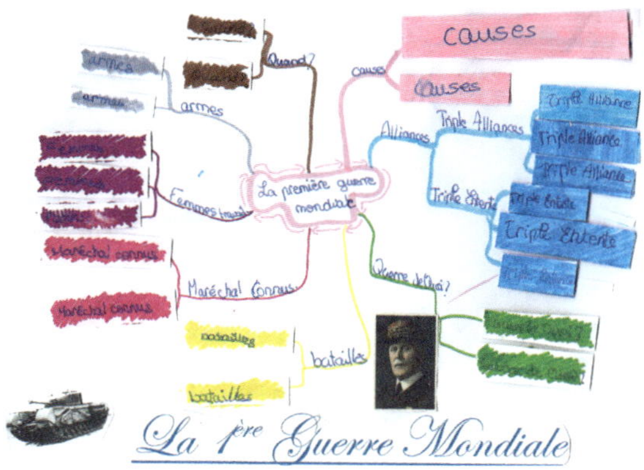

Exemple 2

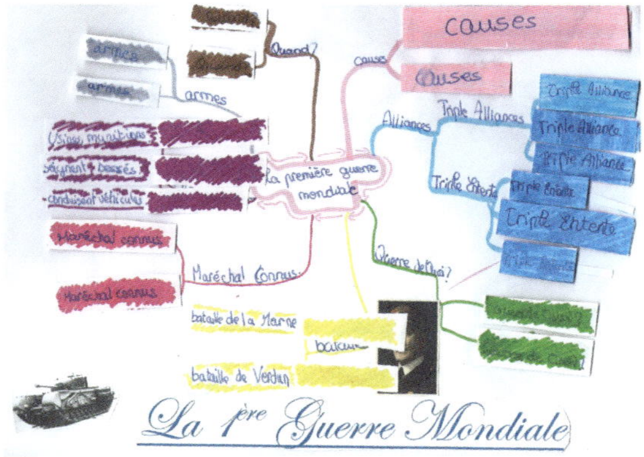

Exemple 2 bis (fenêtres ouvertes)

La dernière carte montre que l'élève a pris le parti d'écrire des phrases entières sur toutes les branches.

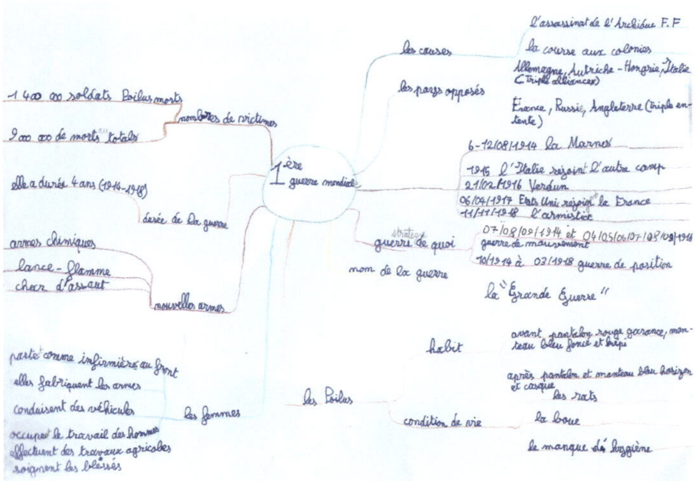

Exemple 3

Si les idées sont bien organisées, un travail de reformulation des phrases en groupes nominaux ou mots clés sera cependant nécessaire pour l'aider à améliorer ses productions en carte mentale.

Une mise en commun est proposée aux élèves afin qu'ils confrontent leurs cartes. Ce travail permet aux uns comme aux autres d'enrichir leur propre travail, de mémoriser le vocabulaire et les évènements et de mieux préparer l'évaluation.

Des séances en mathématiques (Cycles 1, 2 et 3)

Ce chapitre s'adresse à des élèves débutants ou de niveau intermédiaire, et regroupe des séances sur 3 cycles différents :

- le cycle 1 avec une séance en petite section ;
- le cycle 2 avec une séance en CP ;
- le cycle 3 avec une séance en CM1/CM2.

Préparation des séances présentées

Objectif

Réaliser une carte mentale

Niveaux

PS/MS - CP - CM1/CM2

Nombre de séances

3 séances

Outre la préparation du matériel, l'enseignant doit travailler les notions présentées dans ce chapitre en amont :

- la connaissance des premiers nombres en PS/MS ;
- un travail sur les polygones et la nomination de certaines figures planes en CP ;
- la connaissance des nombres décimaux en CM.

Début de séquence en PS/MS

Objectif

Associer différentes représentations des nombres (1 à 3 en priorité) dans une carte mentale

Compétence

Associer une collection à un cardinal donné (1 à 5)

Organisation
Travail individuel seul avec l'enseignant

Matériel
- Une carte mentale A3 plastifiée
- Les étiquettes

Durée
10 min

Préparation

L'enseignant prépare le matériel qu'il va utiliser. Dans ce cas, il s'agit de créer un support en carte mentale, coloré et agrandi en A3. Les étiquettes associées sont également réalisées dans un format adéquat, qui permet de toujours bien visualiser les rectangles colorés une fois qu'elles sont posées.

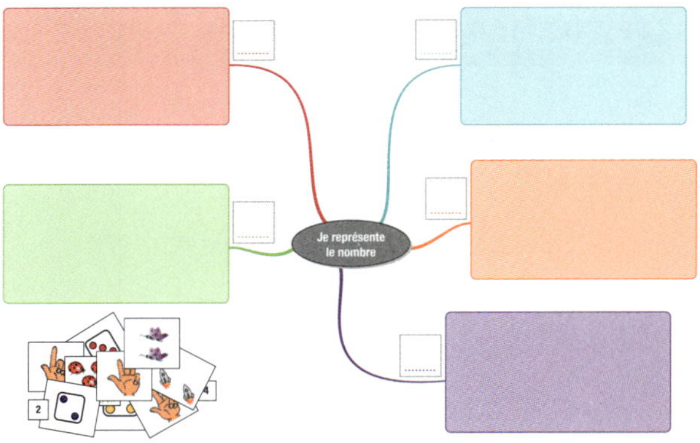

Carte mentale vierge

Déroulement

Nous sommes ici dans une évaluation diagnostique visant à vérifier les connaissances des élèves en début de MS. On peut aussi la transformer en évaluation de compétences en fin de PS.

Il s'agit de vérifier si l'élève sait associer une collection à un nombre donné (petites quantités de 1 à 5).

- L'enseignant pose la question suivante : « *Est-ce que tu sais compter ?* » Le mot « compter » désigne ici le dénombrement d'une collection d'objets, c'est-à-dire la capacité à synchroniser la récitation de la suite des mots nombres avec le pointage des objets à dénombrer[1].

1. Nouveaux programmes – B.O. n°2 du 2 au 26 mars 2015.

- Il montre ensuite ce qu'est une branche sur la carte mentale et il vérifie si l'élève la situe bien. Pour cela, il lui fait pointer les quatre autres.
- La question suivante n'est pas obligatoire et dépend de l'enfant sollicité : « *Est-ce que tu peux placer les chiffres correspondants dans les petits carrés ?* »[2]

L'enseignant guide l'élève pour qu'il se familiarise avec l'outil et qu'il repère le sens de lecture de la carte.

Il annonce la consigne : « *Maintenant que tu m'as montré les branches (et placé les nombres), tu vas mettre dans les cadres de couleur les étiquettes des collections qui correspondent (ou représentent le même nombre) au nombre écrit sur chaque branche.* »

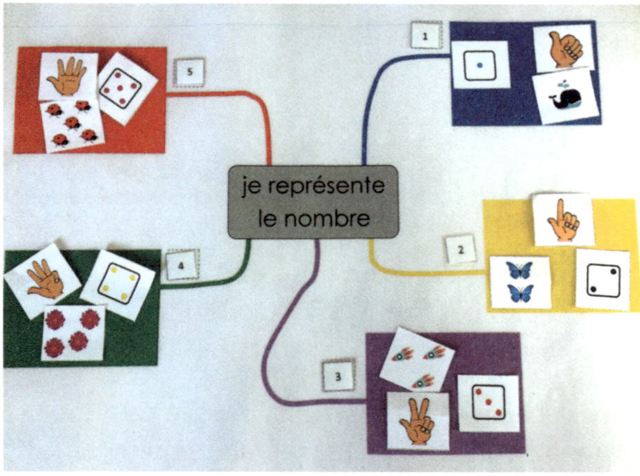

Ce premier élève a su placer toutes les étiquettes sans aucune aide. Il a souhaité les ranger dans l'ordre et sans recourir à la récitation de la comptine numérique.

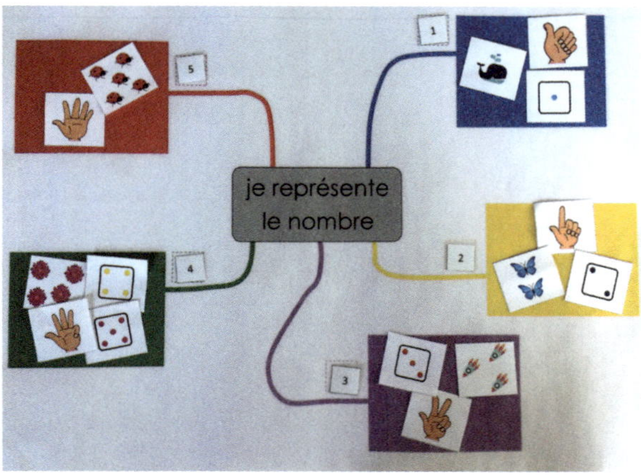

2. Les images « main » viennent du blog de Mysticlolly : http://www.mysticlolly.fr.

Pour l'enfant qui a réalisé la carte précédente, les collections sont bien placées pour les nombres de 1 à 3. La représentation des nombres 4 et 5 est en cours de construction.

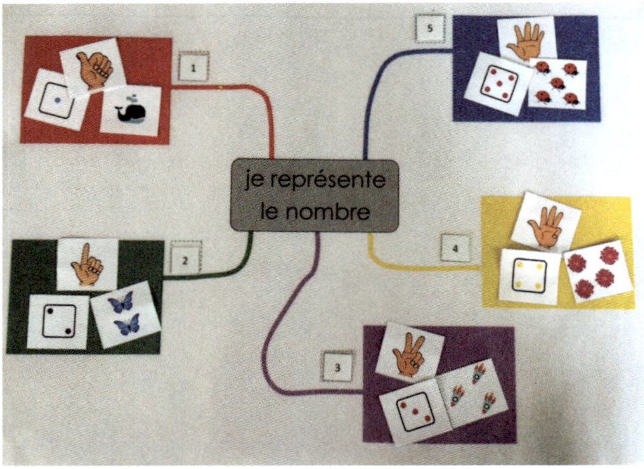

Le troisième enfant a réalisé l'exercice très rapidement en rangeant les maisons de la plus grande à la plus petite. Il a utilisé deux stratégies : la prise en compte de la quantité et la correspondance terme à terme.

Ces commentaires peuvent être retranscrits dans le carnet de suivi de l'élève, accompagnés d'une photo de la carte mentale représentant le résultat de la tâche effectuée.

Milieu de séquence en cycle 2

Objectifs

Construire la trace écrite sur les polygones

Compétences

Reconnaitre, nommer et classer les polygones

Organisation

- Travail collectif (élaboration)
- Travail à 2 (lecture)

Matériel

- Le tableau de la classe
- Une carte mentale projetée

- Une carte mentale A3 par élève
- Des étiquettes

Durée

60 min

Préparation

Dans cette séquence, les élèves travaillent :

- L'observation et le tri de formes ouvertes et fermées pour définir la notion de *polygone* : « Un polygone est une figure fermée. »

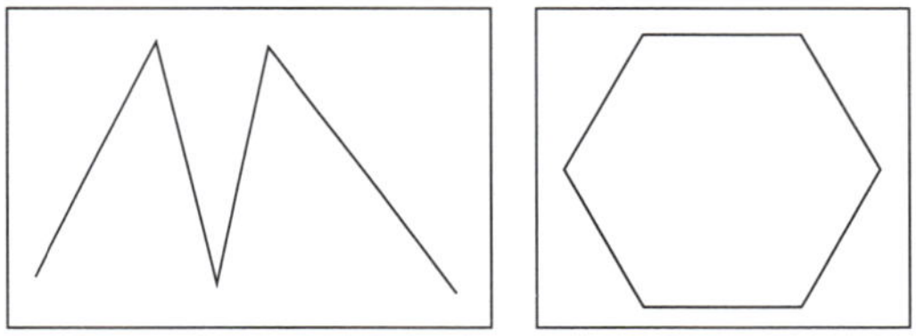

- L'observation et le tri de formes fermées (des figures simples et des figures non tracées à la règle comme le cercle, par exemple). On affine la définition du *polygone* : « Un polygone est une figure fermée tracée à la règle. »

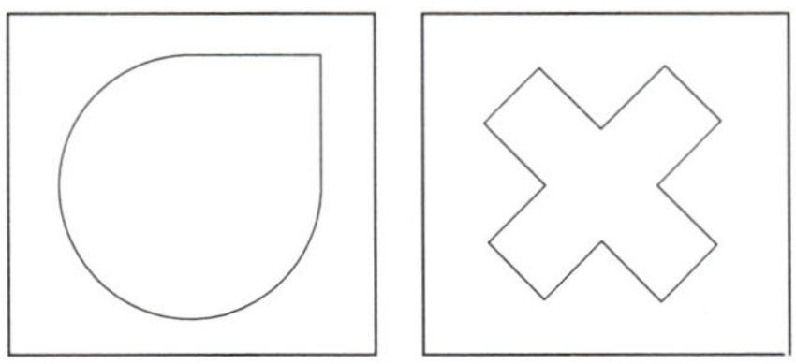

- L'observation et le tri de formes simples (triangle, rectangle, carré). Cette nouvelle séance permet d'aborder le vocabulaire géométrique avec les mots « côté » et « sommet », et de classer certaines formes simples selon le nombre de côtés ou de sommets.

L'enseignant prépare une carte mentale avec quatre branches :

- La première branche permet de recenser la définition du polygone et le vocabulaire appris (« côté », « sommet »).
- La deuxième branche permet de classer les polygones à trois côtés.
- La troisième branche permet de classer les polygones à quatre côtés, appelés aussi « quadrilatères ».
- La dernière branche montre les figures qui n'entrent pas dans la « catégorie polygone ».

Des étiquettes viennent compléter la carte mentale.

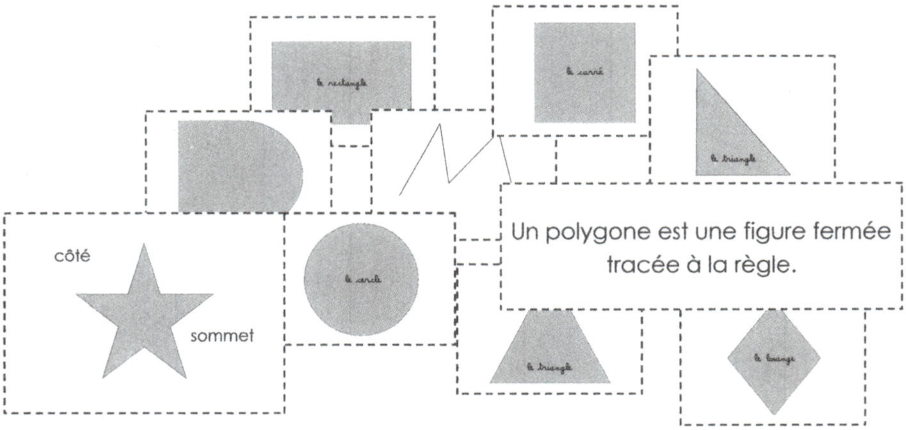

Si l'enseignant dispose d'un TBI, il peut également préparer un document représentant la carte mentale et les étiquettes amovibles.

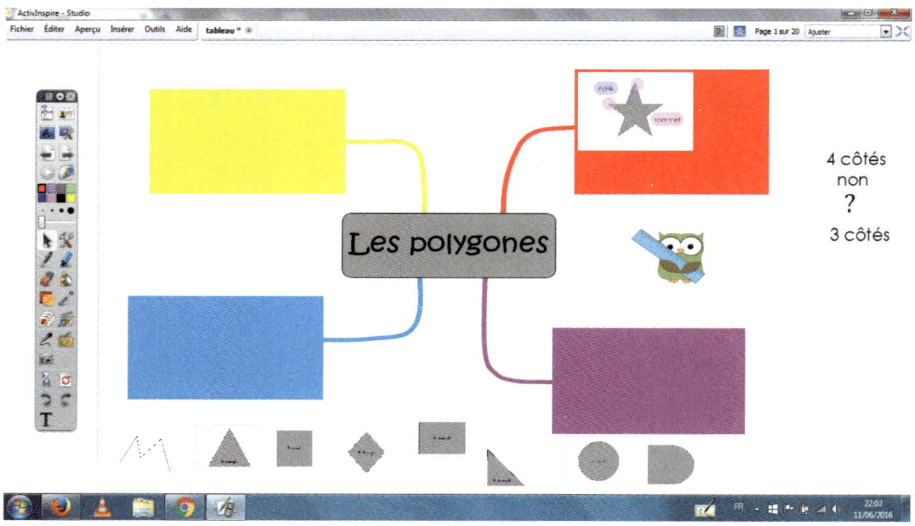

Déroulement

L'enseignant présente la séance : « *Vous allez travailler sur les polygones et fabriquer une leçon un peu spéciale à partir d'une carte mentale.* »

L'enseignant distribue à chaque élève la carte mentale vide et leur explique comment elle s'organise (le titre au centre, les branches, les endroits où seront placées les étiquettes).

Puis, il pose la question suivante : « *Qu'est-ce qu'un polygone ?* »
Les élèves exposent leurs connaissances sur le sujet dans un rapide débat collectif. Les réponses attendues sont : *figure fermée, pas d'arrondi, plusieurs côtés/sommets.*

L'enseignant distribue les étiquettes et demande aux élèves de retrouver celle qui donne une définition précise du polygone. Elle est lue, puis collée dans le rectangle rouge. Les élèves doivent ensuite prendre l'image de l'étoile et chercher ce qu'est, sur cette figure, un sommet, puis un côté. Deux élèves viennent les montrer au tableau. Le sommet et le côté seront colorés sur l'étiquette, puis collés sur la carte (dans le rectangle rouge).

« *Quelles sont les figures qui ne sont pas des polygones ?* » : l'enseignant demande aux élèves d'étaler les figures et de les retrouver. Les critères sont rapidement recensés. Trois étiquettes sont retenues et approuvées collectivement. L'enseignant propose aux élèves de barrer le rectangle jaune pour montrer que cette branche est différente puisqu'elle montre le contraire des trois autres (3 branches/exemples OUI et une branche/exemple NON[2]). Les étiquettes sont collées dans le rectangle jaune.

« *Comment pouvez-vous classer les dernières étiquettes, sachant qu'il vous reste deux rectangles dans lesquels vous pouvez les ranger ?* » Les élèves travaillent à deux et trient les figures. Les réponses sont exposées lors d'une rapide mise en commun. Le critère retenu est le nombre de côtés. Les dernières étiquettes sont collées. Les élèves ont séparé les figures qui ont trois côtés (triangle) de celles qui ont quatre côtés (quadrilatère).

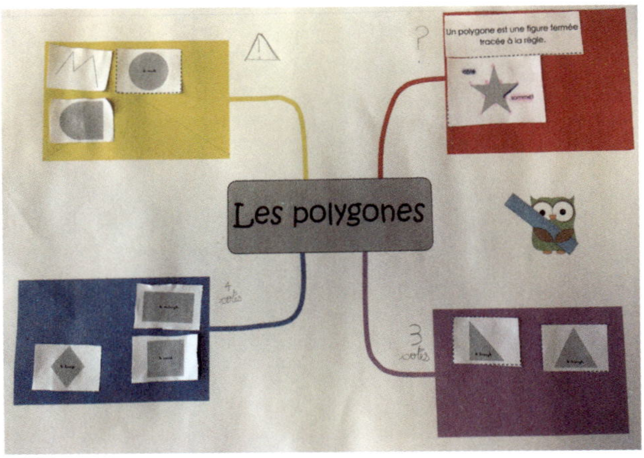

2. Voir Britt-Mari Barth, *L'Apprentissage de l'abstraction*, Éditions Retz, 2013.

L'enseignant précise que la carte est presque achevée : il suffit d'ajouter des titres à chaque branche. Il explique que ce titre peut être un simple symbole. Les élèves choisissent, avec l'aide de l'enseignant :
- le point d'interrogation ;
- trois côtés ;
- quatre côtés ;
- NON ou ATTENTION.

L'enseignant conclut la séance par une lecture de la carte. Celle-ci est organisée branche par branche. Les élèves viennent au tableau lire une branche (le doigt suit la lecture du centre vers le rectangle coloré).

Exemple de phrases :
- « Un polygone a trois côtés.
- Un polygone est un triangle.
- Le cercle/La ligne brisée/La figure arrondie n'est pas un polygone.
- Le polygone a des côtés et des sommets. »
- Etc.

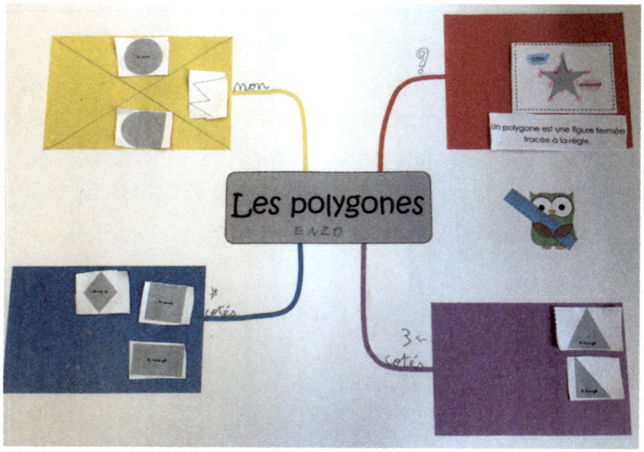

La lecture est reprise deux par deux (un élève lit, l'autre écoute et inversement). L'enseignant passe dans les rangs pour les écouter. La carte mentale est collée dans le cahier des règles mathématiques.

Fin de séquence en cycle 3

Objectifs

Construire et décrire la carte mentale pour mémoriser ce qui a été appris sur les décimaux

Compétences

- Utiliser et représenter les nombres décimaux
- Calculer avec les nombres décimaux

Organisation

Travail individuel

Matériel

- La carte mentale affichée au tableau
- Une carte mentale/élève

Durée

45 min

Préparation

Cette séance intervient juste avant l'évaluation sur les décimaux. Les élèves ont travaillé différentes compétences comme :

- associer diverses désignations d'un nombre décimal (fractions décimales, écriture à virgule et décompositions) ;
- repérer et placer les décimaux sur une demi-droite graduée et adaptée ;
- comparer, ranger, encadrer et intercaler des nombres décimaux ;
- calculer avec des nombres décimaux.

L'enseignant prépare le matériel pour les élèves. Chaque branche de la carte mentale représente une des compétences travaillées sur une période donnée[3].

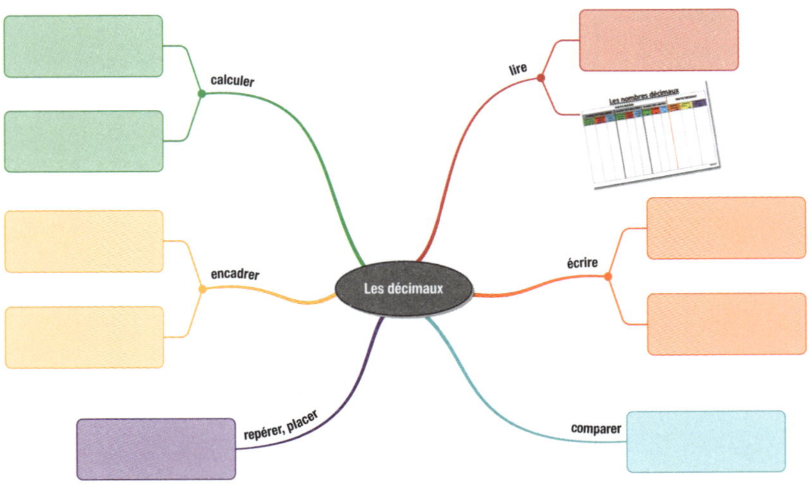

Carte mentale vide

3. Le tableau des nombres décimaux vient du blog d'Aliaslili : http://www.leblogdaliaslili.fr/2010/05/15/les-nombres-decimaux-tableau-daide/

Déroulement

L'enseignant distribue une carte mentale par élève et présente la séance :
« C'est une carte mentale qui synthétise tout ce que vous avez appris sur les décimaux. En remplissant chaque branche, vous pourrez évaluer ce que vous savez et repérer les points que vous devrez retravailler avant l'évaluation finale. »

L'enseignant questionne les élèves, qui répondent individuellement. La discussion doit leur permettre de partager leurs stratégies face aux différentes tâches.

- *« Comment faites-vous pour lire les décimaux ? »*
L'enseignant vient remplir la carte avec les différentes propositions des élèves. Par exemple, certains élèves ont différencié la partie entière et la partie décimale. D'autres ont expliqué comment ils utilisent le tableau de numération pour lire les décimaux.

Les élèves complètent la carte. Les sous-branches manquantes sont ajoutées selon leurs besoins.

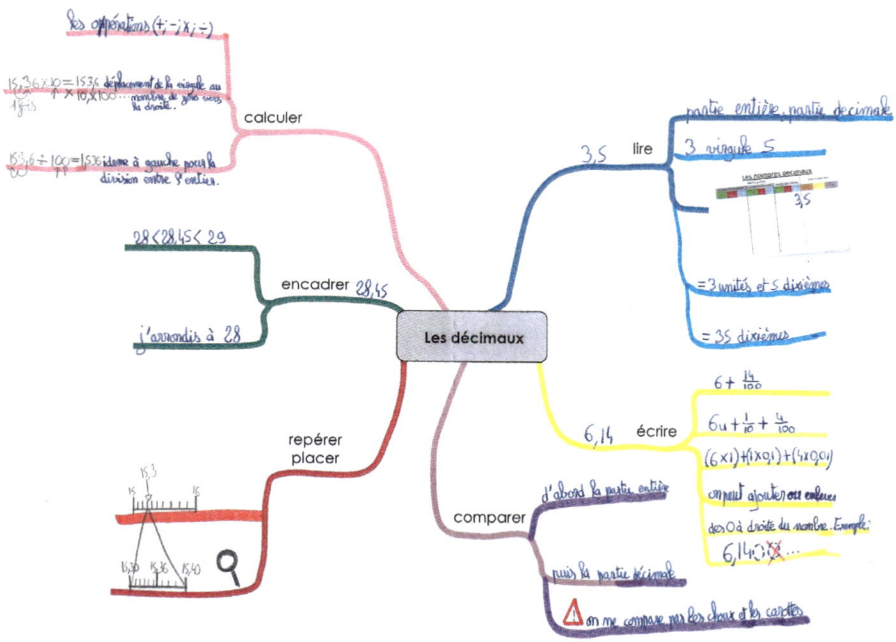

Exemple d'une carte élève

L'enseignant reprend le même questionnement pour chaque compétence : écrire, comparer, repérer sur la file, encadrer ou calculer… Toutes les réponses validées par les élèves et par l'enseignant sont annotées sur la carte mentale projetée au tableau.

Quelques astuces ou alertes sont matérialisées par des pictogrammes :

- Le pictogramme « Attention » et les dessins du chou et de la carotte qui rappellent le dicton « On ne mélange pas les choux et les carottes ». Ces derniers permettent d'alerter les élèves sur la comparaison de nombres qui ont la même partie entière et la stratégie à mettre en œuvre (l'ajout ou non de zéros dans les parties décimales).
- Le pictogramme « loupe » montre que l'on peut passer d'une graduation en dixièmes à une graduation en centièmes, par exemple. Ce passage entre les deux graduations illustre le fait que, entre deux nombres décimaux, il est toujours possible d'en intercaler d'autres en utilisant, si nécessaire, un agrandissement du segment dont les extrémités sont repérées par ces deux décimaux.

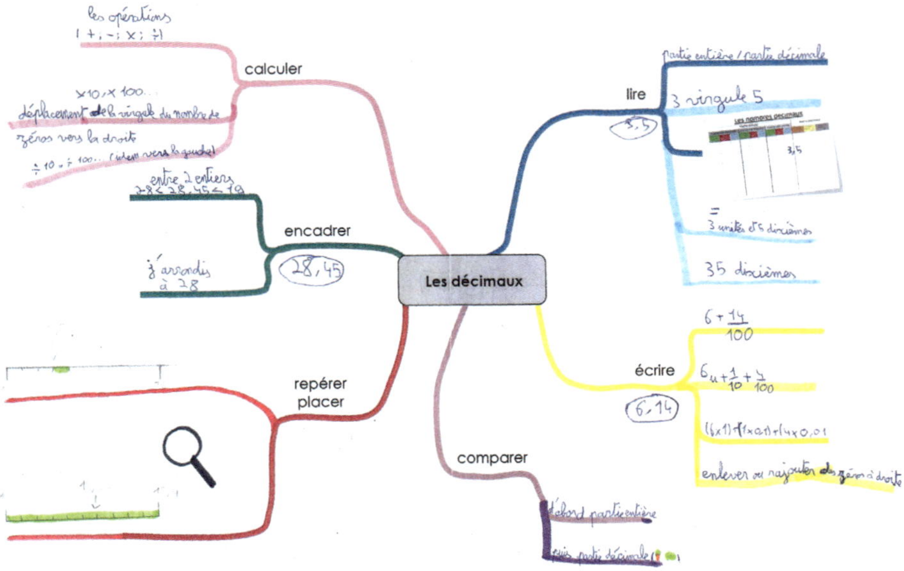

Exemple d'une carte élève

Les exemples chiffrés permettent de mettre en évidence le résultat ou les procédures utilisées par les élèves.

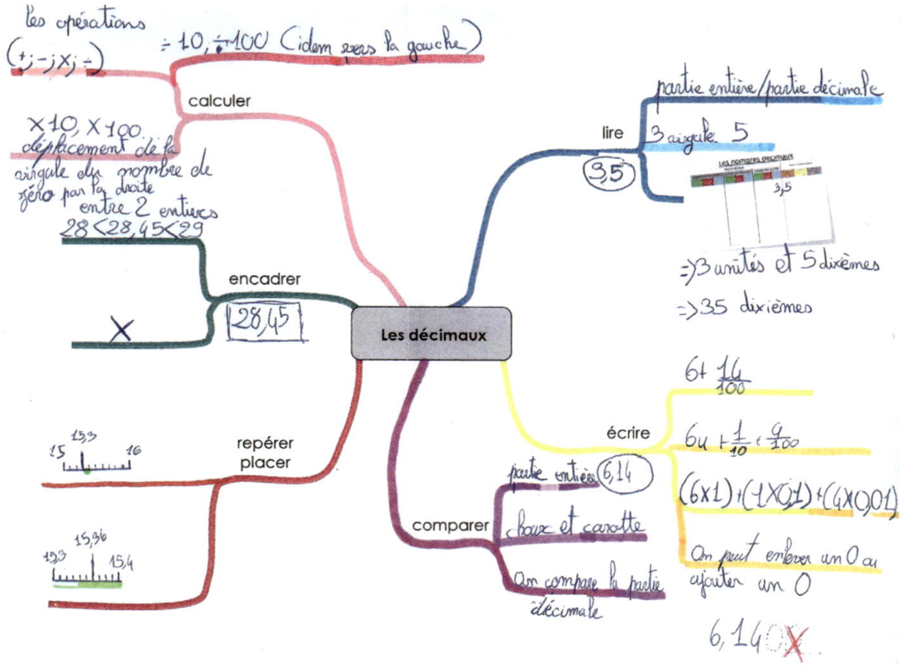

Exemple d'une carte élève

Les cartes mentales des élèves sont individuelles et recensent ce que les élèves sont capables de faire. Sur la carte ci-dessus, l'élève a mis une croix rouge sur la sous-branche « J'arrondis » (qui n'est pas au programme des CM1) pour montrer qu'elle n'est pas à l'aise avec cette compétence.

Les élèves ont retravaillé quelques compétences avant d'être évalués sur les nombres décimaux au programme (distinction entre les attendus au CM1 et au CM2).

Des séances en sciences (Cycles 1, 2 et 3)

Les séances suivantes détaillent des expériences menées dans trois cycles différents :

- une séance sur la fabrication du pain en GS ;
- une séance sur les animaux en CE2 ;
- une séance sur la synthèse de leçons en CM.

Les deux premières s'adressent à des élèves débutants en carte mentale. La troisième est destinée à des élèves avertis.

Préparation des séances

Objectifs

- Lire et réaliser une carte mentale
- Synthétiser des notions

Niveaux

GS - CE2 - CM1/CM2

Nombre de séances

3 séances

Pour chaque séance détaillée, l'enseignant peut créer ses propres cartes mentales de façon à mieux cerner les mots clés des notions étudiées. Celles-ci ne seront pas destinées aux élèves.

Comme il s'adresse à des élèves débutants dans les deux premières séances, l'enseignant utilisera des cartes mentales vides ainsi que des étiquettes qui permettront de reconstituer les cartes pas à pas tout en mobilisant les élèves sur les notions étudiées.

Une séance sur la fabrication du pain en GS

Objectifs

Reconstituer la chronologie de la fabrication du pain en carte mentale

Compétences

Exprimer et comprendre la succession des gestes de la fabrication du pain (en utilisant des connecteurs de temps)

Organisation

Travail collectif

Matériel

- La carte mentale A3
- Les étiquettes mots
- Les images

Durée

30 min.

Préparation

L'activité décrite ci-dessous se situe à la fin d'une séquence dans le domaine « Explorer le monde » et plus particulièrement la matière et les objets.
Pour cette séance, l'enseignant peut tout d'abord travailler à partir de l'album *La Grosse Faim de Petit Bonhomme* de Pierre Delye (illustré par Cécile Hudrisier).

Lors d'une première lecture, l'enseignant met en évidence le vocabulaire spécifique tel que : *pain, farine, blé, terre, eau, boulanger...*

Après une seconde lecture, il travaille sur l'enchainement des actions de Petit Bonhomme. Une synthèse collective permet alors de relever :

- les personnages ;
- les lieux de l'histoire ;
- l'enchainement chronologique des actions.

Enfin, après une dernière lecture, l'enseignant conduit les élèves à observer la transformation du blé en farine et de la farine en pain.

Une visite à la boulangerie vient ponctuer cette activité. Les élèves découvrent le métier de boulanger et la fabrication du pain. Ils expérimentent les gestes adéquats.

L'enseignant prépare la carte mentale et les étiquettes en grand format. Elle sera affichée sur le tableau de la classe.

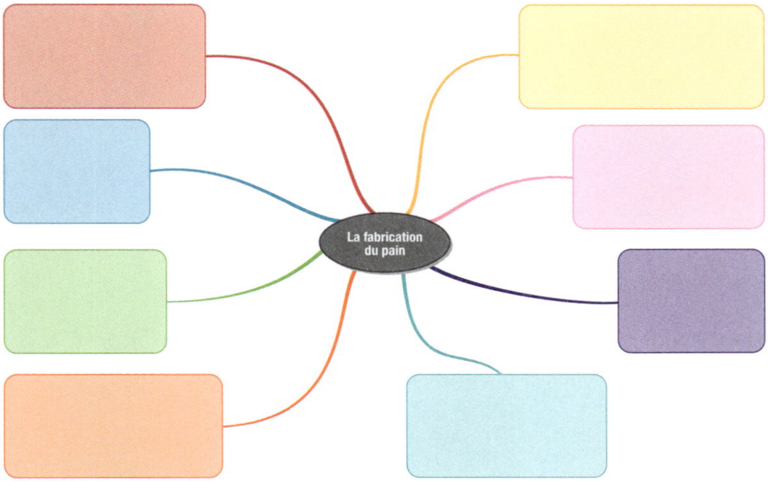

Affiche : carte mentale « vide »

L'enseignant peut remplacer les images colorées par des photos montrant les différents gestes du boulanger ou ceux des enfants eux-mêmes, réalisés lors de la visite de la boulangerie.

Déroulement

L'enseignant explique la séance : « *Vous allez m'expliquer comment on fabrique le pain. Pour garder une trace, nous allons créer une affiche organisée en carte mentale. Pour cela, il faut ranger des images et des étiquettes dans le bon ordre, sur la carte, en commençant par le premier geste du boulanger et en finissant par le dernier geste.* »

L'enseignant affiche la carte mentale vide au tableau, ainsi que les images qui sont placées de façon mélangée à côté de la carte, puis il interroge les élèves :

« *Que fait le boulanger en premier ?* » Il mélange les ingrédients (farine, eau, levure).

L'enseignant sollicite les élèves pour rappeler les gestes du boulanger. Une discussion s'engage collectivement pour ranger les images dans l'ordre chronologique sur la carte.

Une fois que toutes les images sont placées sur la carte, l'enseignant propose de relire les images, de les mimer, en essayant d'associer les étiquettes-mots aux bons gestes :

- pétrissage ;
- pointage ;
- division ;
- façonnage ;
- apprêt ;
- enfournement ;
- cuisson ;
- défournement.

Les mots les plus explicites sont placés en premier comme le *pétrissage, la division, la cuisson, l'enfournement* (présence du mot/radical *four*).

Les mots les plus difficiles sont expliqués par l'enseignant (*apprêt, façonnage, pointage*). On ne demandera pas aux élèves de les mémoriser.

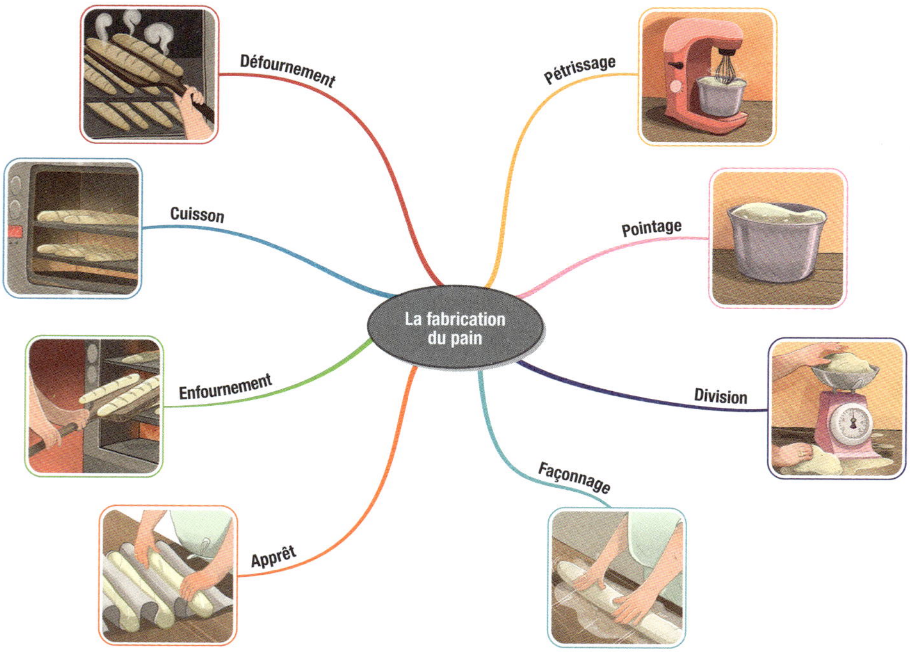

Élaboré avec l'ensemble des enfants, ce support collectif témoigne de la vie de la classe et constitue également une mémoire transmissible et mobilisable à des moments espacés dans le temps.

Une séance sur les animaux en CE2

Objectifs

Institutionnaliser les caractéristiques du monde du vivant, ses interactions et sa diversité en carte mentale

Compétences

Être capable d'indiquer les principaux critères caractérisant le vivant : les animaux naissent, grandissent, se métamorphosent (pour certaines espèces), se nourrissent, se reproduisent, meurent...

Organisation

Travail collectif

Matériel

- La carte mentale A3
- Les étiquettes mots et images

Durée

1 heure

Préparation

Cette séance se situe en fin de séquence. Les élèves ont fait différentes observations qui ont été institutionnalisées dans le cahier de sciences. L'activité vise à évaluer les élèves.

L'enseignant prépare la séance à partir des traces écrites suivantes :

- l'observation des animaux et leurs particularités ;
- la classification des espèces selon quelques attributs ;
- la croissance des animaux (la croissance continue, la mue et la transformation) ;
- la reproduction ;
- les régimes alimentaires de quelques animaux ;
- l'identification des interactions entre eux et avec le milieu.

Celles-ci seront synthétisées en mots clés et en images.

L'enseignant utilise une carte mentale vide, les étiquettes et les images associées. Pour une meilleure manipulation, la carte est imprimée en format A3. Si l'impression est en noir et blanc, les élèves peuvent repasser aux feutres de couleur sur les différentes branches.

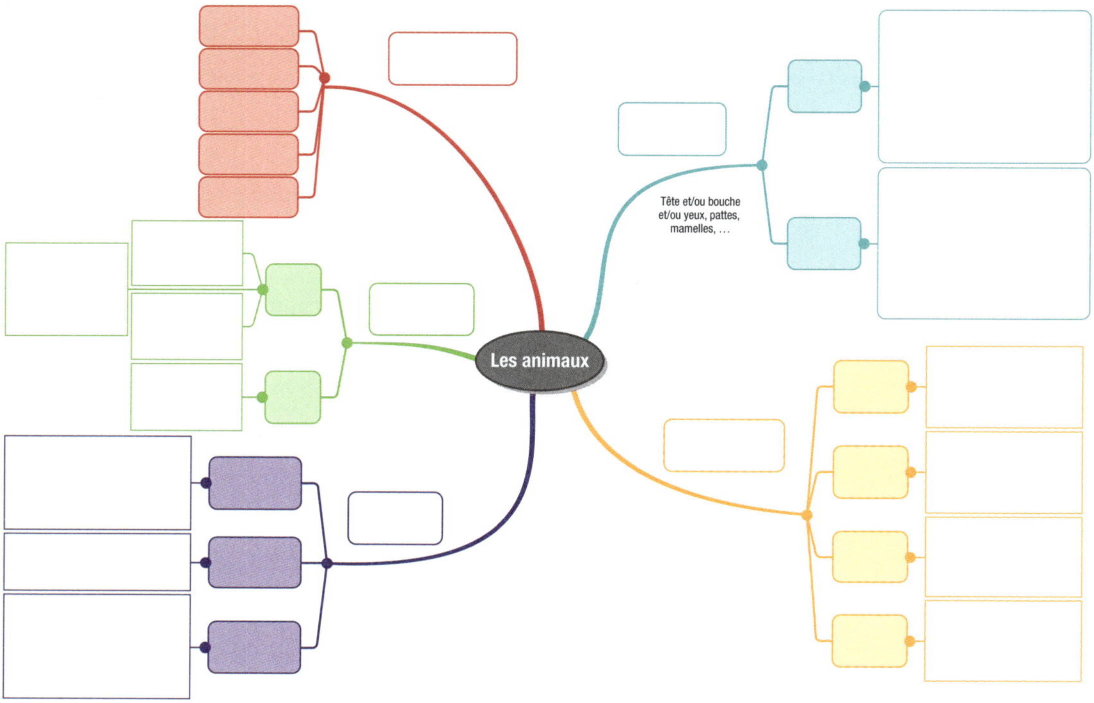

Carte mentale vide

Déroulement

L'enseignant présente l'activité : « *Nous allons faire une carte mentale qui vous rappellera en un clin d'œil tout ce que vous avez appris sur les animaux. Je vous poserai des questions et vous rangerez les "réponses" dans la carte.* »

L'enseignant présente la carte mentale rapidement : le titre est identifié puis c'est au tour des branches colorées. Il explique que chaque branche porte un nom et se découpe en plusieurs idées.

Les élèves observent également les images et les mots. Ce temps d'imprégnation facilite l'entrée et la mobilisation dans la tâche.

Chaque branche est travaillée dans le sens de lecture de la carte. L'enseignant guide les élèves dans leur raisonnement et apporte le vocabulaire scientifique si besoin.

• La branche bleue

Les élèves sont invités à lire les mots sous la branche bleue et à les expliquer. L'enseignant questionne les élèves à plusieurs reprises tant sur la forme de la carte que sur leur connaissances. Les réponses, lorsqu'elles sont validées, permettent d'agir sur la carte (collage des étiquettes).

• *Quels sont les attributs des animaux ?*

L'enseignant reformule une première fois la branche bleue. Il leur précise qu'elle se découpe en deux sous-branches, ce qui signifie qu'il y a deux grandes familles d'animaux. Les élèves recherchent le nom mais aussi les images qui correspondent à ces deux sous-branches : il s'agit des images des vertébrés et des arthropodes. Les mots sont à la fois écrits puis illustrés par les images qui sont collées au bout de chaque branche correspondante.

La branche bleue est une nouvelle fois reformulée par l'enseignant puis par un élève.

• La branche jaune

L'enseignant oriente les élèves sur la branche jaune et poursuit ses questions :

• *Combien y a-t-il d'idées dans la branche jaune ?* 4

• *Quel est selon vous le titre de la branche jaune ?*

L'enseignant, à partir des réponses obtenues, reformule la question : « *Comment peut-on classer les animaux ?* » Les élèves écrivent les mots puis les images « peau lisse », « poils », « plumes » et « écailles » qui sont collées.

Un élève est invité à reformuler la branche jaune.

Exemple : « les animaux sont classés/regroupés en fonction de ce qu'ils ont : une peau lisse, des écailles, des poils ou des plumes. »

• Les branches violette et verte

L'enseignant attire une nouvelle fois l'attention des élèves sur la forme de la branche. Les élèves commencent à comprendre qu'une étiquette-mot s'associe toujours à la couleur de la branche.

Les élèves collent toujours les images dans cet ordre :

• Le titre de la branche principale.

• Les images des branches secondaires.

Le rôle de l'enseignant est d'aider les élèves à restituer leurs connaissances.

Pour la croissance, les élèves ont complété la carte avec les mots *continue*, *métamorphose* et *mue*. L'enseignant les laisse associer les animaux correspondant à chaque type de croissance. La branche est reformulée par un élève.

Pour la reproduction, les élèves écrivent les mots *vivipare* et *ovipare*. Une fois encore, l'enseignant laisse les élèves associer les mots et les images. Quelques élèves ont colorié les œufs dans l'image des ovipares. La branche verte est reformulée par un autre élève.

• La branche rouge

Cette dernière suit le même déroulement. Les élèves n'ont cependant pas d'image pour les guider. L'enseignant les invite à illustrer chaque branche :

- l'herbe pour « herbivore » ;
- un fruit pour « frugivore » ;
- des graines pour « granivore » ;
- une viande pour « carnivore » ;
- un insecte pour « insectivore ».

La notion de chaine alimentaire est rapidement soulignée. La carte est à nouveau reformulée par plusieurs élèves.

La séance se termine par un jeu du type « Qui est-ce ? ».

L'enseignant énonce la première devinette avant de laisser les élèves jouer entre eux : « *Je suis un vertébré, j'ai des poils, je suis vivipare, j'ai une croissance continue, je suis carnivore. Qui suis-je ?* »

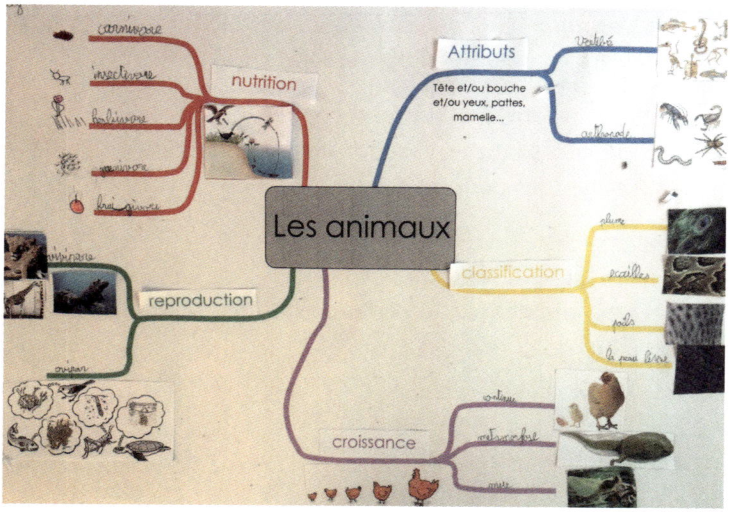

Exemple de carte remplie par un élève

Une fin de séquence ritualisée en CM1/CM2

Objectifs

Comprendre et mémoriser une leçon

Compétences

Extraire les informations pertinentes d'un document et les mettre en relation pour répondre à une question

Organisation

Travail individuel

Matériel

La trace écrite du cahier de science

Durée

15 min

Préparation

Ce rituel se situe toujours après l'écriture de la trace écrite. Il s'agit de réaliser une carte mentale dont l'objectif est de travailler la synthèse des idées principales et de renforcer la compréhension. L'activité permet également d'exercer la mémorisation du texte.

Les deux premières séances comportent déjà une carte mentale. En effet, à ce stade de l'année, les élèves sont encore débutants dans la conception des cartes mentales. L'enseignant souhaite montrer à ses élèves comment et pourquoi ils peuvent réaliser une carte mentale pour mémoriser leur leçon (voir la méthodologie - chapitre 13).

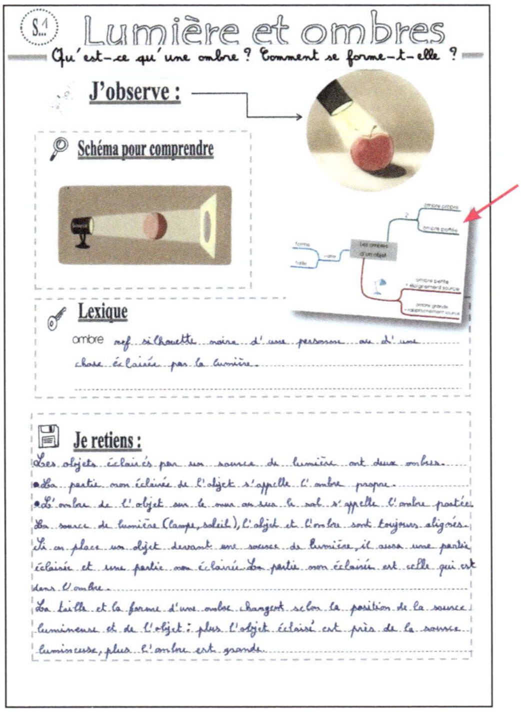

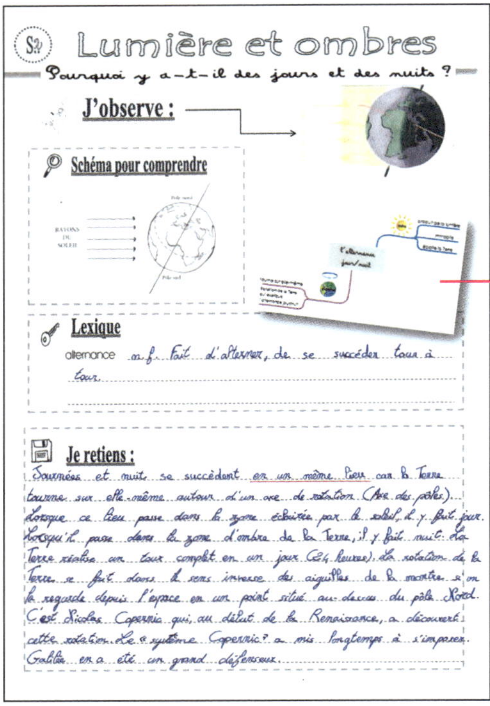

S? Lumière et ombres

Pourquoi y a-t-il des jours et des nuits ?

J'observe :

Schéma pour comprendre

Lexique

alternance n. f. Fait d'alterner, de se succéder tour à tour.

Je retiens :

Journées et nuit se succèdent en un même lieu car la Terre tourne sur elle-même autour d'un axe de rotation (Axe des pôles). Lorsque ce lieu passe dans la zone éclairée par le soleil, il y fait jour. Lorsqu'il passe dans la zone d'ombre de la Terre, il y fait nuit. La Terre réalise un tour complet en un jour (24 heures). La rotation de la Terre se fait dans le sens inverse des aiguilles de la montre si on la regarde depuis l'espace en un point situé au-dessus du pôle Nord. C'est Nicolas Copernic qui, au début de la Renaissance, a découvert cette rotation. Le « système Copernic » a mis longtemps à s'imposer. Galilée en a été un grand défenseur.

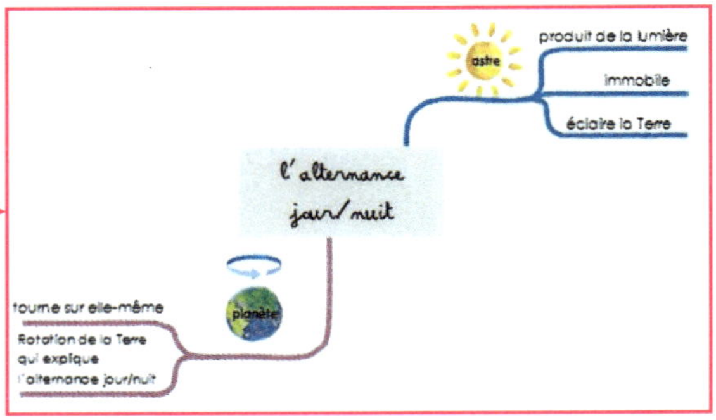

Par la suite, l'enseignant prépare les traces écrites des élèves en laissant toujours un emplacement afin que ceux-ci puissent réaliser eux-mêmes une carte mentale succincte.

L'activité présentée a lieu à la fin d'une séance sur la reproduction humaine. Les élèves ont travaillé en groupe sur les manifestations de la puberté pour les garçons et pour les filles.

- **Déroulement**

L'enseignant explique l'activité qui va suivre : « *Vous allez construire une carte mentale qui reprend toutes les informations importantes de votre leçon.* »

Puis il invite les élèves à relire la trace écrite. Il demande aux élèves d'identifier dans un premier temps les paragraphes du texte. Quelques élèves à tour de rôle viennent entourer les différentes parties dans la trace écrite affichée au tableau.

Puis, l'enseignant leur demande de chercher les idées principales de chaque paragraphe et de les noter sous forme de titre ou de mots clés sur leurs ardoises.

Quelques élèves sont à nouveau interrogés au tableau pour venir présenter les titres qu'ils ont choisis pour chaque partie.

Les choix des élèves sont discutés. Lorsqu'ils sont validés par l'ensemble de la classe, ils sont notés près des paragraphes correspondants.

L'enseignant demande ensuite aux élèves de créer leur carte mentale à partir des mots clés proposés. Les idées secondaires doivent être extraites des paragraphes. Ce travail peut être réalisé de façon individuelle, si les élèves sont à l'aise, ou à deux.

L'exercice se termine par une lecture collective de la carte mentale.

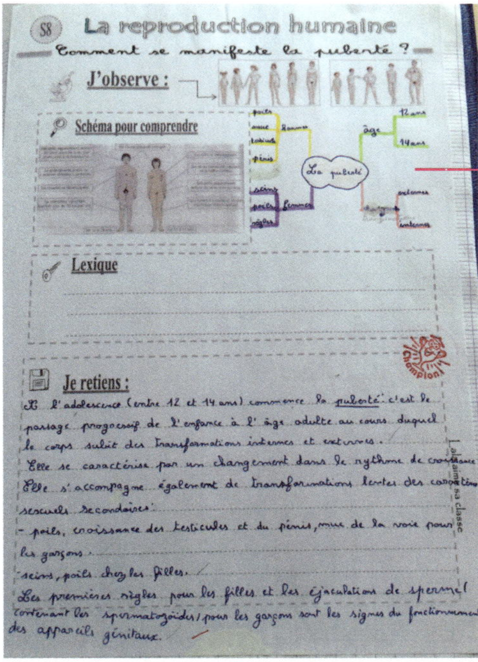

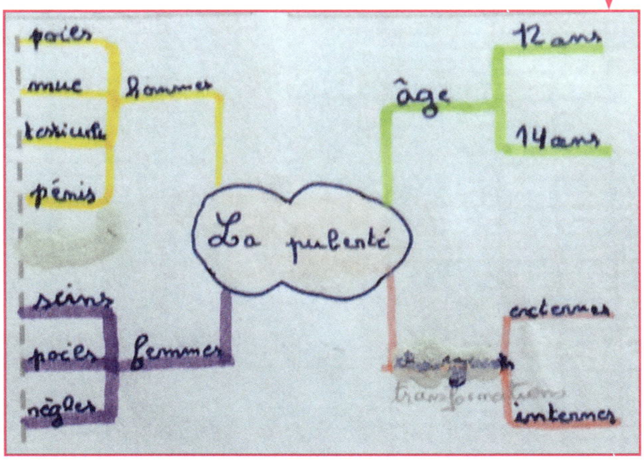

Exemple de fiche et de carte élève

Dans la carte mentale ci-dessous, l'élève n'a pas représenté la cinquième idée (dernier paragraphe). Il est fort possible qu'il ne savait plus où la représenter.

Cette première activité est semi-guidée et permet à l'élève de s'approprier la technique de synthétisation d'une leçon pas à pas. Pour la leçon suivante, il s'exercera seul. La carte mentale ci-dessous, qui présente le développement du bébé, a été réalisée par l'élève de façon autonome.

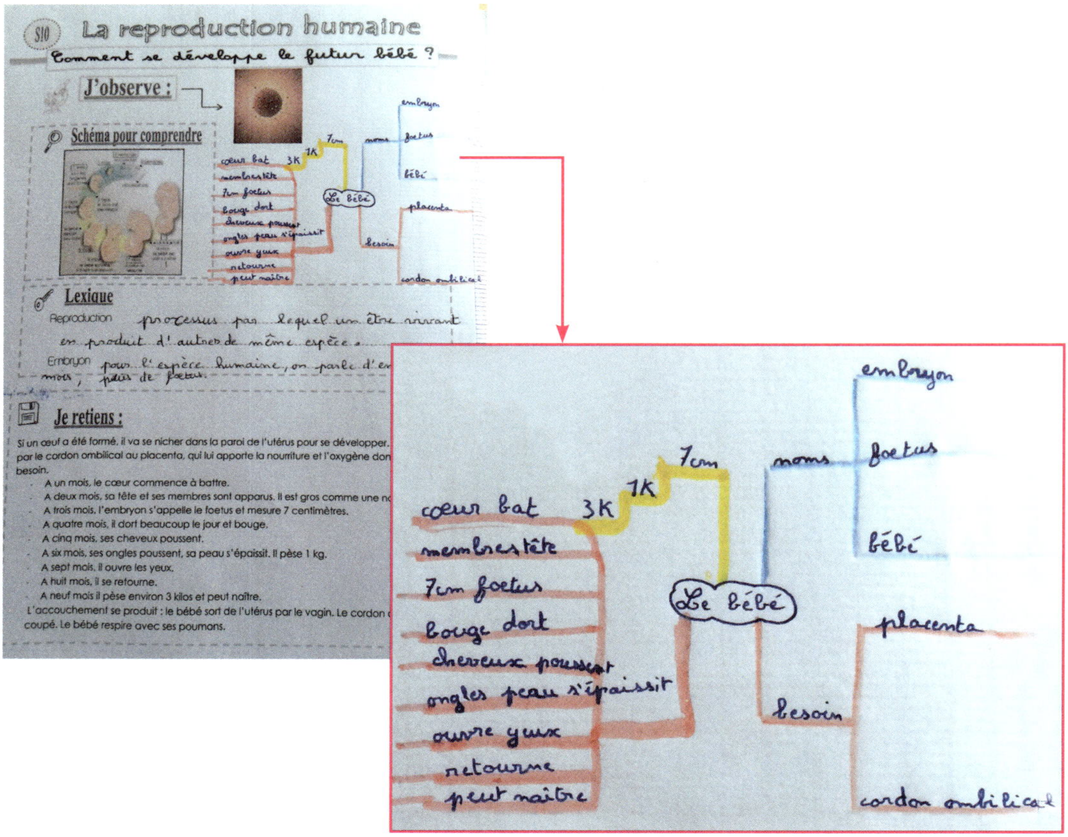

Exemple de fiche et de carte élève

Le choix des mots clés et l'organisation générale peuvent être très différents d'une carte à l'autre. L'enseignant ne cherchera pas à les modifier pour faire une carte modélisée. Il vérifie toutefois que la conception des cartes mentales reste cohérente.

La carte mentale pour apprendre à apprendre

Apprendre à apprendre serait une des clés de la réussite scolaire

« Tous les enseignements doivent apprendre aux élèves à organiser leur travail pour améliorer l'efficacité des apprentissages.[1] »

L'élève, s'il veut réussir à l'école et s'approprier des savoirs, doit donc maitriser des outils pour apprendre. Ces outils sont depuis peu listés dans le domaine 2 du socle commun[2]. En voici quelques exemples :

- Savoir apprendre une leçon ou une poésie.
- Extraire les informations d'un texte.
- Coopérer et réaliser des projets.
- Mémoriser.

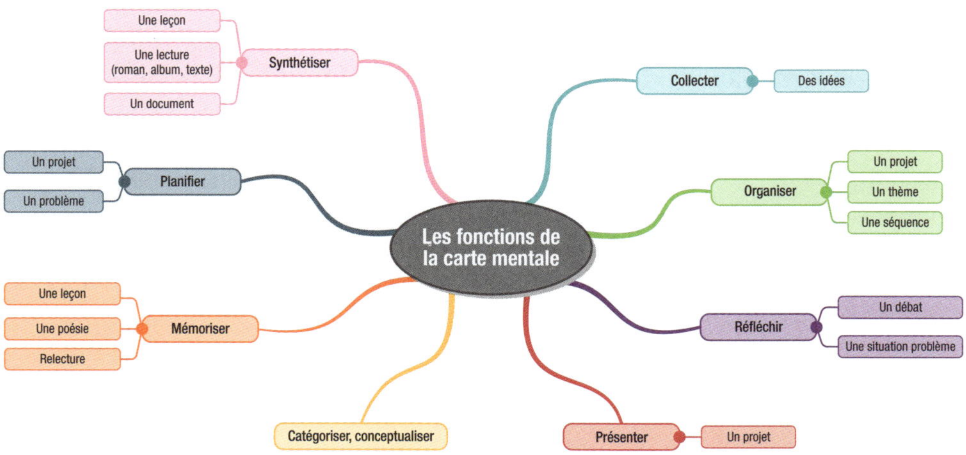

Carte mentale des fonctions de la carte mentale

1. Annexe 2 Programme d'enseignement du cycle de consolidation.
2. Annexe 1 Programme d'enseignement du cycle des apprentissages fondamentaux.

Il s'agit aujourd'hui de faire un travail tous azimuts dans chaque discipline et de façon transversale tout en privilégiant des moments d'appropriation qui vont permettre à l'élève de mieux comprendre, de mieux mémoriser ou d'être plus autonome dans ses apprentissages. Cela suppose, en tant qu'enseignant, de bien connaitre l'acte d'apprendre.

Qu'est-ce qu'apprendre ?

Les 5 gestes mentaux[3]

« Savoir apprendre, c'est avant tout prendre conscience de ses propres gestes mentaux. » Antoine de La Garanderie, dans sa pratique/théorie de la gestion mentale, en identifie cinq fondamentaux :

- L'attention
- La mémorisation
- La compréhension
- La réflexion
- L'imagination créatrice

En résumé, l'élève reçoit un certain nombre d'informations grâce à différents canaux sensoriels. S'il est suffisamment attentif, il décide de donner une existence mentale aux objets perçus (évocation). Sans ce projet, il lui est impossible de mémoriser, comprendre ou imaginer. La mémorisation entre en jeu à partir du moment où les informations sont stockées dans l'univers mental de l'apprenant, dans l'objectif d'être exploitées ultérieurement. La compréhension n'est pas systématique. En effet, si le stock d'informations disponibles dans la mémoire est insuffisant, l'apprenant va devoir identifier ce qui lui manque. Un va-et-vient entre les connaissances antérieures et les connaissances nouvelles s'opère (installation de relations logiques comme la hiérarchisation, l'analogie ou la différence). Puis l'élève entre dans une démarche réflexive lorsqu'il les soumet au rappel des règles ou des théories qu'il a mémorisées. Pour finir, l'élève se confronte à l'imagination créatrice à partir du moment où il découvre ou invente ce qui était jusqu'alors caché.

3. À noter que la gestion mentale est parfois controversée en raison de son manque de références scientifiques. Voir http://www.cahiers-pedagogiques.com/Antoine-de-La-Garanderie

Il ne s'agit pas ici de faire un profilage de l'individu car on peut difficilement inscrire chaque personne dans des modèles comportementaux et cognitifs bien identifiés. Néanmoins, cette approche est très riche pour l'élève comme pour l'enseignant. À l'élève, elle donne l'opportunité, en ayant une meilleure connaissance de lui-même, de mieux maitriser son évolution et l'acquisition de nouvelles compétences. À l'enseignant, elle permet de prendre conscience de la diversité des stratégies et processus mentaux.

On retrouve dans les cinq gestes mentaux d'Antoine de La Garanderie les principaux avantages de l'utilisation des cartes mentales à l'école, avec :

- une grande attention avec un engagement actif dans l'activité ;
- une mémorisation plus performante des connaissances ;
- une meilleure compréhension des connaissances ;
- une réflexion de l'élève qui structure et hiérarchise ses connaissances (anciennes et nouvelles) ;
- le développement de l'imagination et de la créativité.

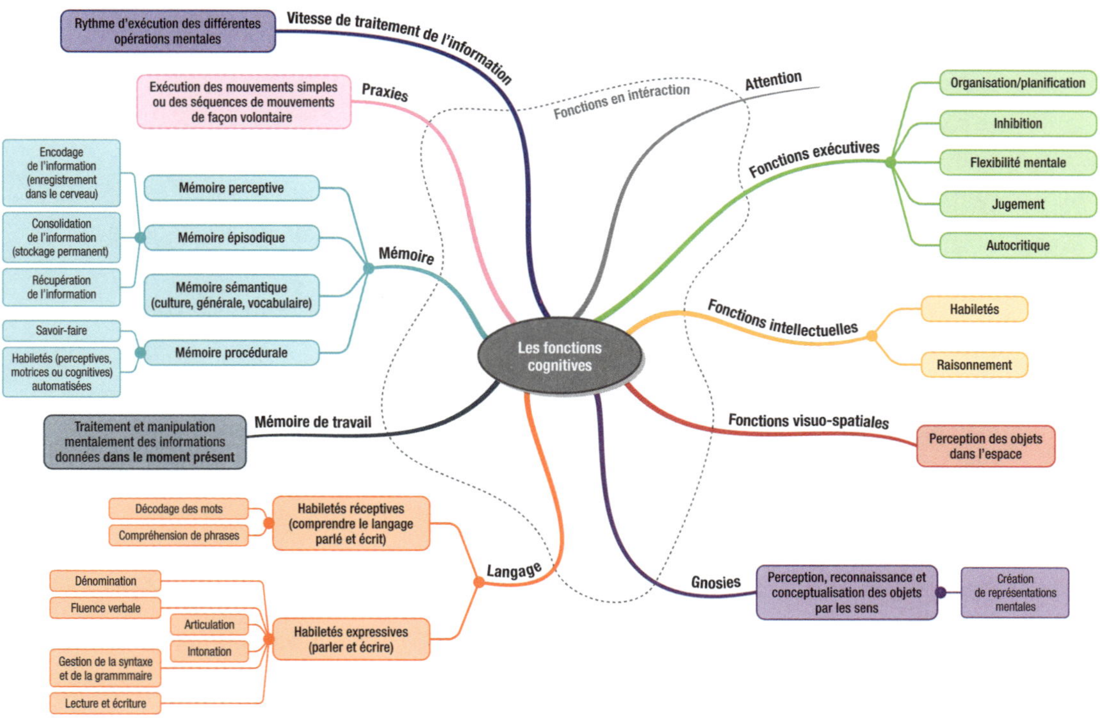

Carte mentale des fonctions cognitives

Focus sur la catégorisation/la conceptualisation[4], la compréhension

• Catégoriser[5] est une activité fondamentale que l'on travaille activement dès la maternelle. Elle intervient dans la reconnaissance et l'identification des objets. Elle est étroitement liée au développement du langage et aux processus de classification, de sériation.

L'enfant qui reçoit chaque jour une multitude d'informations doit les structurer et les transformer en connaissances : « Catégoriser, c'est réduire la complexité du monde en mettant de l'ordre dans ses connaissances en les subdivisant en catégories.[6] »

Autrement dit, la catégorisation réduit les efforts cognitifs en représentant des aspects du monde d'une manière plus informative et économique. La catégorisation est donc à la base de toute forme de pensée structurée et de raisonnement. Elle précède la conceptualisation.

• Conceptualiser est le fait d'associer un mot (ou une expression) à une représentation mentale : « La conceptualisation est un processus de pensée qui mène vers l'abstraction et la généralisation. Elle passe par l'observation, la comparaison (l'analyse), l'inférence (faire un jugement, choisir), la vérification de celle-ci. L'hypothèse et sa vérification permettent ensuite d'étendre la conclusion à tous les cas qui présentent les mêmes caractéristiques.[7] »

Le concept regroupe une même catégorie d'objets (d'évènements ou de relations) ayant des propriétés communes.

Autrement dit, la conceptualisation est fondée sur un triple processus :

- le repérage de traits communs qui correspond à la construction de la catégorie ;
- l'élaboration d'une étiquette de la catégorie ;
- l'établissement de relations avec d'autres concepts (sous-catégories du concept initial).

La conceptualisation est un processus très proche de celui de la compréhension, mais alors que la compréhension est plutôt conjoncturelle et attachée à une situation, la conceptualisation est plus pérenne et générale, c'est-à-dire mobilisable dans différentes situations[8].

---

4. C. Rappeneau, « Pourquoi conduire des activités de catégorisation à l'école maternelle ? », http://www.ac-orleans-tours.fr/fileadmin/user_upload/romorantin/pedagogie/construction-categorisation-cycle1.pdf
5. Sylvie Cèbe, Roland Goigoux, Jean-Luc Paour, *Catego : apprendre à catégoriser, comprendre comment on catégorise*, Hatier, 2004.
6. *Idem.*
7. Britt-Mari Barth, *op. cit.*
8. André Tricot et Manuel Musial, « Enseigner pour que les élèves apprennent », http://andre.tricot.pagesperso-orange.fr/Article_Musial_Tricot_Partie_2.pdf

Pour comprendre un domaine disciplinaire, les élèves ont besoin d'élaborer les concepts. C'est ce que la carte mentale privilégie.

Focus sur la mémorisation

Les opérations mentales de mémorisation ne sont pas volontaires chez les jeunes enfants. La perception souvent visuelle, les émotions et la répétition des situations permettent de maintenir les informations en mémoire temporaire. L'enseignant doit « stabiliser les informations, s'attacher à ce qu'elles soient claires pour permettre aux enfants de se les remémorer. Il organise des retours réguliers sur les découvertes et acquisitions antérieures pour s'assurer de leur stabilisation ».[9]

Il existe cinq systèmes de mémoire :

- La mémoire perceptive est liée aux sens et s'exerce souvent à l'insu de l'individu. Elle permet de retenir des images ou des sons et donc de se souvenir des visages, des voix...
- La mémoire de travail, sollicitée en permanence, est au cœur du réseau et permet de retenir des informations pendant quelques secondes.
- La mémoire sémantique est la mémoire du savoir et de la connaissance (mémoire des règles et des concepts).
- La mémoire épisodique permet à un individu de mémoriser non seulement un évènement vécu mais aussi tout le contexte particulier de cet évènement.
- La mémoire procédurale est la mémoire des automatismes. Elle est inconsciente.

La mémoire sémantique, la mémoire épisodique et la mémoire procédurale sont des mémoires à long terme. Trois étapes sont nécessaires pour que l'information soit stockée durablement :

- Il y a d'abord l'encodage qui est le traitement des informations perçues pour être mises en mémoire. Par exemple, lorsque l'élève apprend le mot « loup », il peut l'associer à sa catégorie « animal », puis à ses attributs « 4 pattes, poils » : ce sont des stratégies sémantiques qu'il applique. Il peut aussi faire appel à une stratégie phonétique en repérant que le mot « loup » commence comme « lapin », par un L. Plus l'élève met en place de stratégies lors de l'encodage, plus l'apprentissage sera efficace.

- Vient ensuite le stockage qui consolide les souvenirs. On y trouve des expériences, des évènements, des émotions, des informations, des capacités, des mots, des catégories, des règles et des jugements...

9. Programme maternelle du 26 mars 2015.

- La récupération est le processus par lequel l'information qui a été stockée en mémoire va être récupérée/réactivée pour pouvoir être utilisée dans une activité donnée. Plus l'encodage est profond au niveau de l'organisation des données (catégorisation par exemple), plus la récupération est efficace (rapide).

Les représentations mentales imagées jouent un rôle essentiel dans l'acte de mémorisation. Celles-ci sont facilitées par les mots qui lui sont associés. Ce double encodage (mot et image ou verbal et visuel) permet de restituer plus facilement une information.

Focus sur la planification

Les apprenants planifient sans cesse leur tâche, qu'elle soit orale ou écrite. Ils se préparent d'une manière consciente en sollicitant leurs ressources intérieures. En cas de déficit (langagier par exemple), ils peuvent chercher des informations nouvelles ou de l'aide. À tout moment et selon l'aide (interaction, support, aide linguistique), « ils peuvent modifier leur production en réalisant une tâche plus simple, ou être plus ambitieux dans l'élaboration de leur pensée » (adaptation). « Durant l'exécution même de la tâche, les apprenants peuvent mettre en place des stratégies comme celles de l'évitement, quand ils n'ont pas tous les moyens exigés, et de réalisation quand ils ont les moyens pour élever le niveau de la tâche.[10] »

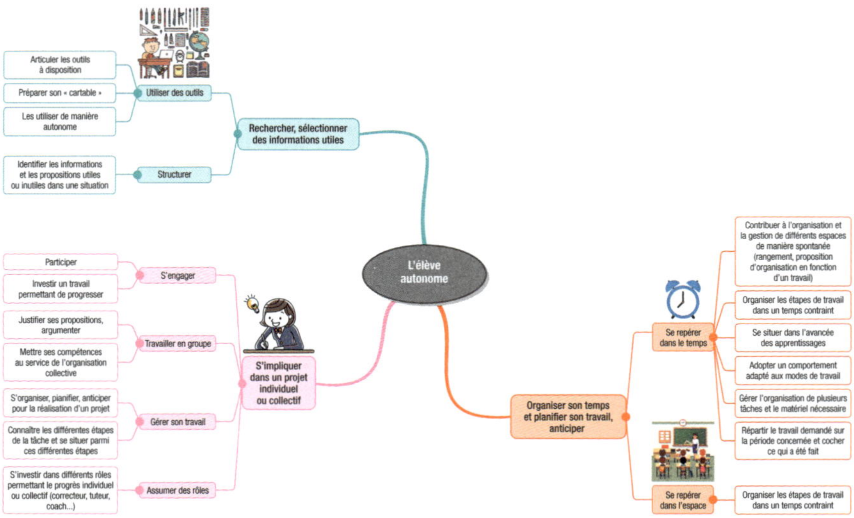

Carte mentale de l'élève autonome[11]

10. Freiderikos Valetopoulos - « Quand les apprenants doivent observer leurs stratégies métacognitives : une analyse de corpus », https://gerflint.fr/Base/Pologne9/valetopoulos.pdf
11. Claire Bey, « La méthodologie de travail », http://www.ac-orleans-tours.fr/fileadmin/user_upload/tours_nord/enseignement_pedagogie/socle_commun/competences/Competence_7/La-methodologie-de-travail.pdf

À l'école, l'élève va s'appuyer sur des compétences transversales dans toutes les disciplines pour être de plus en plus autonome et de plus en plus efficace dans son apprentissage :

- L'organisation de son travail (temps et espace).
- Son implication dans les projets.
- La pertinence de ses recherches.

Qu'est-ce qu'apprendre à apprendre ?

« Apprendre à apprendre » est la démarche pédagogique visant à développer l'autonomie de l'apprenant.

- C'est, d'un point de vue psychologique, la façon dont l'apprenant se connait lui-même. On pourra se référer aux intelligences multiples par exemple (voir chapitre 2).
- C'est, d'un point de vue cognitif, la façon dont il régule son action : l'apprenant réfléchit ou s'appuie sur des stratégies cognitives ou métacognitives dans son apprentissage.

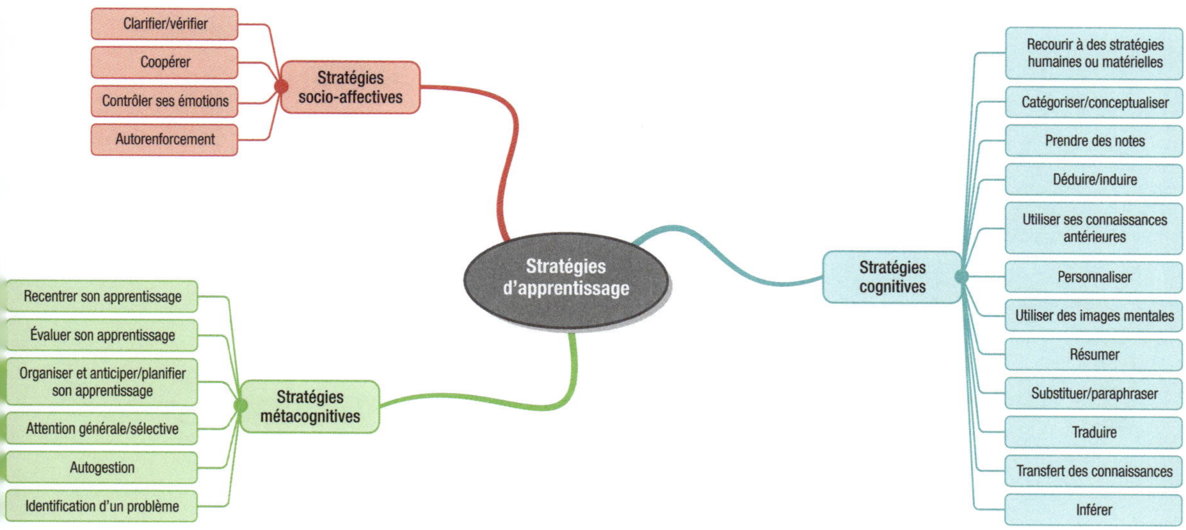

Carte mentale des stratégies d'apprentissage[12]

12. Classification selon J. M. O'Malley et A. Chamot.

Les stratégies cognitives sont les capacités de l'apprenant à résoudre des problèmes dans des situations différentes. Ces compétences sont généralisables, c'est-à-dire qu'elles gouvernent le comportement d'apprentissage et ne sont pas liées au domaine d'apprentissage (compétences transversales).

Les stratégies métacognitives se rapportent à la conscience que les apprenants ont de leurs propres connaissances et des différents processus mentaux qui leur permettent d'apprendre avec plus d'efficacité[13].

- C'est enfin, d'un point de vue social, l'ensemble des interactions en jeu. On retrouve dans ce dernier point les interactions avec l'entourage (pairs ou enseignant par exemple) ou au contraire leur absence (autonomie dans la tâche).

Cas pratique en classe

Un débat est mené en classe au cours duquel les élèves échangent sur la façon dont ils apprennent leurs leçons.

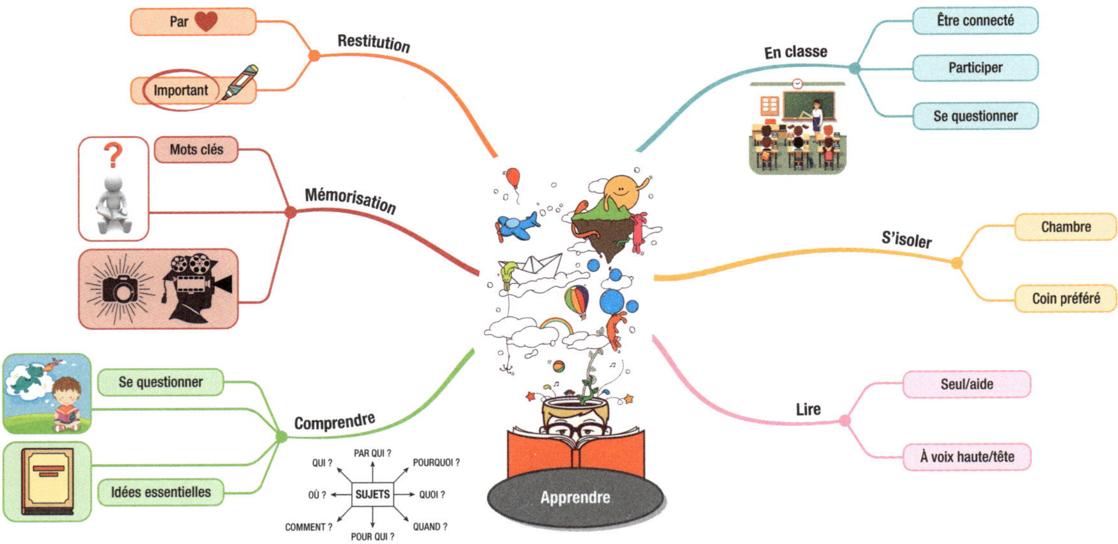

Carte mentale réalisée avec les élèves

13. Anita Wenden, *Learner strategies for learner autonomy: planning and implementing learner training for language learners,* Ed. Prentice Hall College, Div.

L'enseignant les questionne pour mettre en évidence ce qu'il faut faire en classe et à la maison :

- *« Que faut-il faire en classe pour apprendre ?*
- *Quelles sont les bonnes conditions pour apprendre sa leçon à la maison ? »*

L'enseignant les guide pour expliquer ce qu'ils font en classe ou à la maison, sur ce qui se passe dans leur tête. Il met en lumière les opérations mentales qui favorisent la mémorisation de la leçon.

Les élèves expliquent ce qu'ils font, et les idées sont listées au tableau. À la fin, l'enseignant les aide à réorganiser les idées en carte mentale. On y trouve :

- Les conditions d'une bonne attention en classe.
- Le lieu que les élèves vont privilégier pour mémoriser leur leçon à la maison.
- Les étapes de mémorisation (lecture, compréhension, mémorisation à long terme et restitution).

L'enseignant leur explique la différence qu'il existe entre la mémoire à court terme et la mémoire à long terme, les conditions favorables qu'il faut privilégier dans le processus de mémorisation (le rôle de l'oubli, l'encodage, le stockage et la récupération de la connaissance...).

La carte mentale élaborée est distribuée à l'ensemble des élèves.

L'enseignant les invite/entraine à recourir à l'outil carte mentale :

- pour synthétiser une leçon avant de la mémoriser ;
- pour vérifier la bonne mémorisation d'une leçon en la restituant sous cette forme.

Dans tous les cas, travailler avec les cartes mentales, c'est amener l'élève à être le plus autonorne possible, à acquérir des compétences pour apprendre à mieux apprendre.

Mémoriser

Dans ce chapitre sont développés deux exemples pratiques de mémorisation :
- l'un concerne une poésie ;
- l'autre une leçon d'histoire.

Ils s'adressent à des élèves ayant déjà manipulé des cartes mentales.

Mémoriser en poésie

Objectifs
Technique de mémorisation pour oraliser une poésie

Compétences
Dire de mémoire un texte à haute voix

Organisation
- Travail individuel
- Travail à 2
- Travail collectif

Matériel
- Une feuille blanche
- Les feutres de couleurs

Durée
45 min

Préparation

Il n'y a pas de document à préparer pour cette séance. L'enseignant doit toutefois connaitre parfaitement le support sur lequel les élèves vont travailler. En effet, toutes les poésies ne se prêtent pas à ce type d'exercices en raison :
- de la complexité des mots utilisés qui n'évoqueront aucun dessin représentatif ;
- des tournures syntaxiques ;

- du nombre de vers (une poésie trop longue ne pourra pas être réorganisée en carte mentale sur une seule feuille blanche).

L'enseignant doit interroger le texte et programmer les points sur lesquels il fera réfléchir les élèves (mots à remplacer, phrases répétitives, déterminants...).

Trois poésies avec trois niveaux de difficulté sont proposées aux élèves. Celle qui est détaillée ci-dessous est la plus simple. Il s'agit de la poésie « Dans Paris » de Paul Éluard.

Déroulement

L'enseignant explique la séance : *« Aujourd'hui nous allons faire une expérience. Vous allez expérimenter l'utilisation de la carte mentale en poésie pour apprendre votre poème plus vite. Nous verrons si c'est efficace en fin de séance. »*

L'enseignant distribue le poème qui est analysé dans sa forme (composition) et sa compréhension (mots difficiles s'il y en a). Il s'agit de montrer que certains mots reviennent souvent, qu'ils ne seront donc pas obligatoirement écrits sur la carte. C'est le cas de l'expression « il y a », par exemple, et du choix des déterminants : l'article indéfini dans la première partie et l'article défini dans la seconde.

L'enseignant attire l'attention sur ce qui sera difficile à apprendre ou non, les mots qui peuvent être remplacés par des dessins (on peut les surligner de différentes couleurs dans le texte).

De même, il explique qu'un pictogramme/dessin n'est pas un dessin d'art (on laissera de côté les détails) et qu'on ne recopie pas les phrases.

L'enseignant met en lumière les effets d'emboitement (zoom) puis la chute (effet domino) de ce poème. Ces deux effets peuvent devenir deux branches principales.

Une fois les difficultés levées, les élèves réalisent leur propre carte mentale. L'enseignant passe dans les rangs pour aider, faire des propositions.

Dans Paris

Dans Paris, il y a une rue ;
Dans cette rue il y a une maison
Dans cette maison il y a une chambre
Dans cette chambre il y a une table
Sur cette table il y a un tapis
Sur ce tapis il y a une cage
Dans cette cage il y a un nid
Dans ce nid il y a un œuf
Dans cet œuf il y a un oiseau.
L'oiseau renversa l'œuf ;
L'œuf renversa le nid ;
Le nid renversa la cage ;
La cage renversa le tapis ;
Le tapis renversa la table ;
La table renversa la chambre ;
La chambre renversa l'escalier ;
L'escalier renversa la maison ;
La maison renversa la rue ;
La rue renversa la ville de Paris.

Paul Éluard, *Invraisemblances et hyperboles,* Les sentiers et les routes de la poésie, © Éditions Gallimard

Une fois la carte réalisée, les élèves relisent une dernière fois le texte original avant de lire leur carte mentale. On doit retrouver tous les mots de la poésie. Si certains élèves se trompent de prépositions en relisant, on les écrit en toutes lettres devant les pictogrammes/dessins.

- **Exemples de cartes mentales**

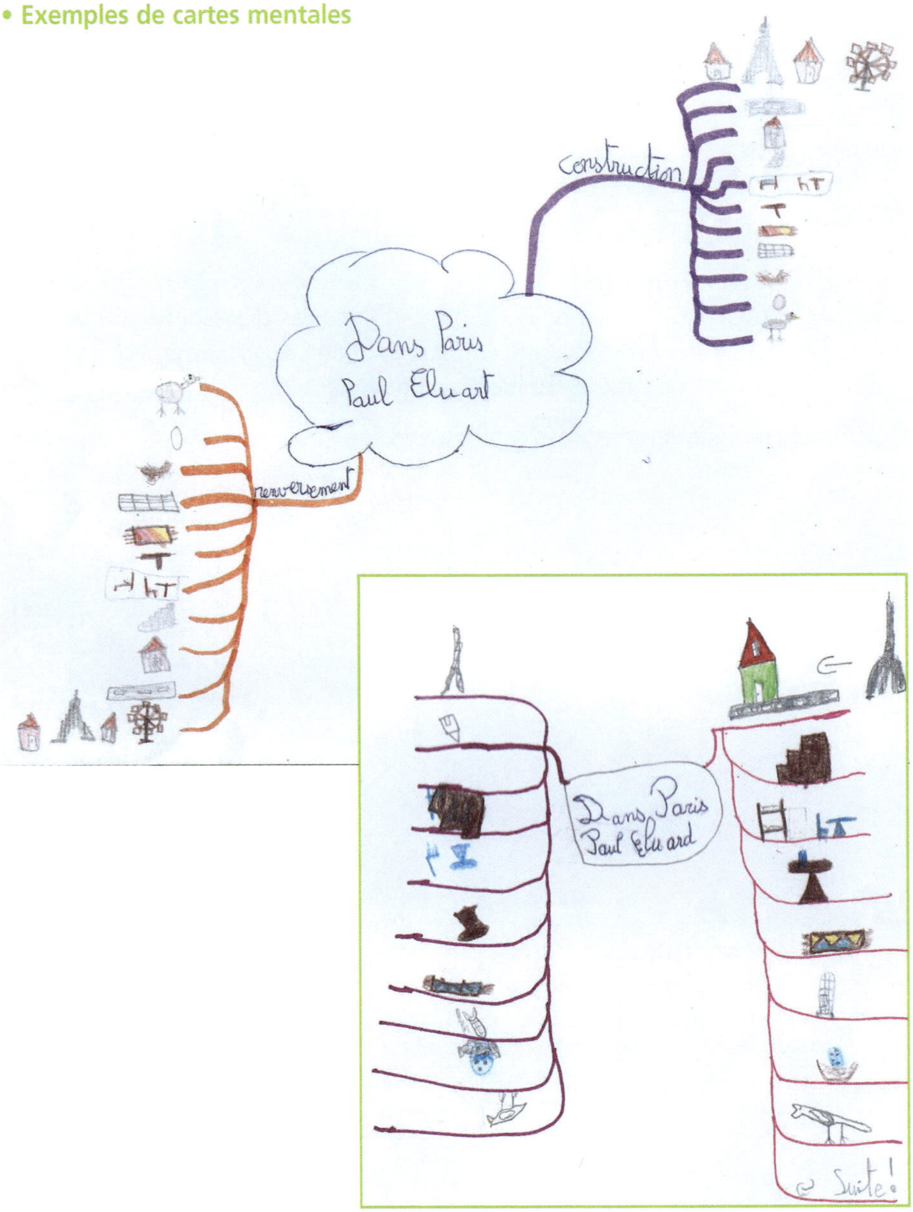

Exemples de cartes mentales élèves

Les élèves s'exercent à deux :

- Un élève lit et suit avec le doigt les branches.
- Son partenaire écoute, peut se référer au texte et relever les erreurs et les oublis.

Pour que l'exercice soit efficace, ils doivent également oraliser les phrases et les visualiser dans leur tête.

L'enseignant passe à nouveau dans les rangs et s'assure de la qualité des interactions.

Lorsque les cartes mentales sont validées, les élèves peuvent les colorier et les réciter à nouveau (en les visualisant). On échange les rôles une dernière fois.

L'objectif final est de réciter la poésie sans aucun support.

Une mise en commun vient clore la séance. L'enseignant permet aux élèves d'échanger sur l'activité. Il met en lumière les astuces des élèves afin qu'elles soient immédiatement réutilisables. Par exemple, on peut s'amuser sur les mots : le mot « vers » peut être remplacé par un point vert, même si c'est un homonyme.

Une nouvelle récitation des poésies finalise la séance.

- **Exemples de cartes mentales inspirées par d'autres poésies**

Exemple d'une carte élève

- « Le Ciel et la Ville » de Charles Bobzynski est une poésie très riche en terme de vocabulaire. Sa structure est intéressante et peut être retranscrite sous forme d'une carte mentale en six branches principales : « le ciel se venge » (4 vers), « dans la cheminée » (4 vers), « Il coiffe » (4 vers), « la nuit » (4 vers), « la ville » (4 vers), « tâches… » (4 derniers vers).

L'élève qui a réalisé la carte mentale ci-contre n'a pas choisi la même organisation. Il a regroupé les vers deux par deux et a obtenu ainsi 12 branches.

Le Ciel et la ville

Le ciel peu à peu se venge
De la ville qui le mange.
Sournois, il attrape un toit,
Le croque comme une noix,
Dans la cheminée qui fume
Il souffle et lui donne un rhume.
Il écaille les fenêtres.
N'en laisse que les arêtes.
Il coiffe les hautes tours
D'un nuage en abat-jour.
Il chasse le long des rues
Les squelettes gris des grues.
La nuit, laineuse toison,
Il la tend sur les maisons.
Il joue à colin-maillard
Avec les lunes du brouillard.
La ville défend au ciel
De courir dans ses tunnels.
Mais le ciel tout bleu de rage
Sort le métro de sa cage.
Taches d'encre, taches d'huile
Sur le ciel crache la ville.
Mais le ciel pour les laver
Pleut sans fin sur les pavés.

Claude Bobzynski, © DR

Le Cosmonaute et son hôte

Sur une planète inconnue,
un cosmonaute rencontra
un étrange animal :
il avait le poil ras,
une tête trois fois cornue,
trois yeux, trois pattes et trois bras!
« Est-il vilain ! pensa le cosmonaute
en s'approchant prudemment de son hôte.
Son teint a la couleur d'une vieille échalote,
son nez a l'air d'une carotte.
Est-ce un ruminant ? Un rongeur ? »
Soudain, une vive rougeur
colora plus encore le visage tricorne.
Une surprise sans bornes
fit chavirer ses trois yeux.
« Quoi ! Rêvé-je ? dit-il. D'où nous vient, justes cieux,
ce personnage si bizarre sans crier gare !
Il n'a que deux mains et deux pieds,
il n'est pas tout à fait entier.
Regardez comme il a l'air bête, il n'a que deux yeux dans la tête !
Sans cornes, comme il a l'air sot ! »
C'était du voyageur arrivé de la terre
que parlait l'être planétaire.
Se croyant seul parfait et digne du pinceau,
il trouvait au Terrien un bien vilain museau.
Nous croyons trop souvent que, seule,
notre tête est de toutes la plus parfaite !

Pierre Gamarra, © DR

- La poésie « Le Cosmonaute et son hôte » est certainement la plus difficile à transformer en carte mentale. Il y a un gros travail à faire sur la découpe du texte. Le vocabulaire est assez complexe et doit être très étayé.

Les élèves ont cependant joué le jeu en récitant cette poésie après l'avoir transformée en carte mentale. Malgré sa difficulté, ils ont été surpris de constater qu'ils avaient mémorisé un peu plus de la moitié du texte.

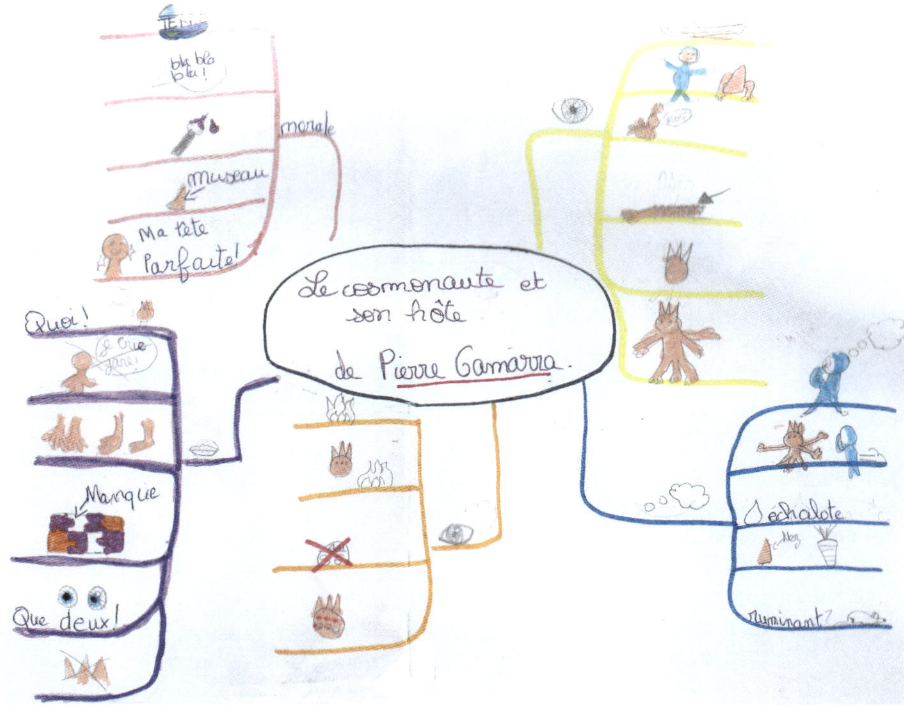

Exemple d'une carte élève

Mémoriser en histoire

Objectifs

Technique de mémorisation d'une leçon

Compétences

- Mémoriser les repères historiques liés au programme et savoir les mobiliser dans différents contextes
- Extraire des informations pertinentes pour répondre à une question

Organisation

Travail individuel

Matériel

- Une feuille blanche
- Les feutres de couleurs
- Le cahier d'histoire

Durée

45 min

Préparation

Les élèves travaillent sur l'époque napoléonienne sur deux séances découpées comme suit :

- une séance sur Napoléon Ier ;
- une séance sur l'organisation de son empire.

Cet exercice méthodologique intervient juste avant l'évaluation.

L'enseignant peut préparer sa propre carte mentale pour lister tous les éléments essentiels que les élèves doivent retenir.

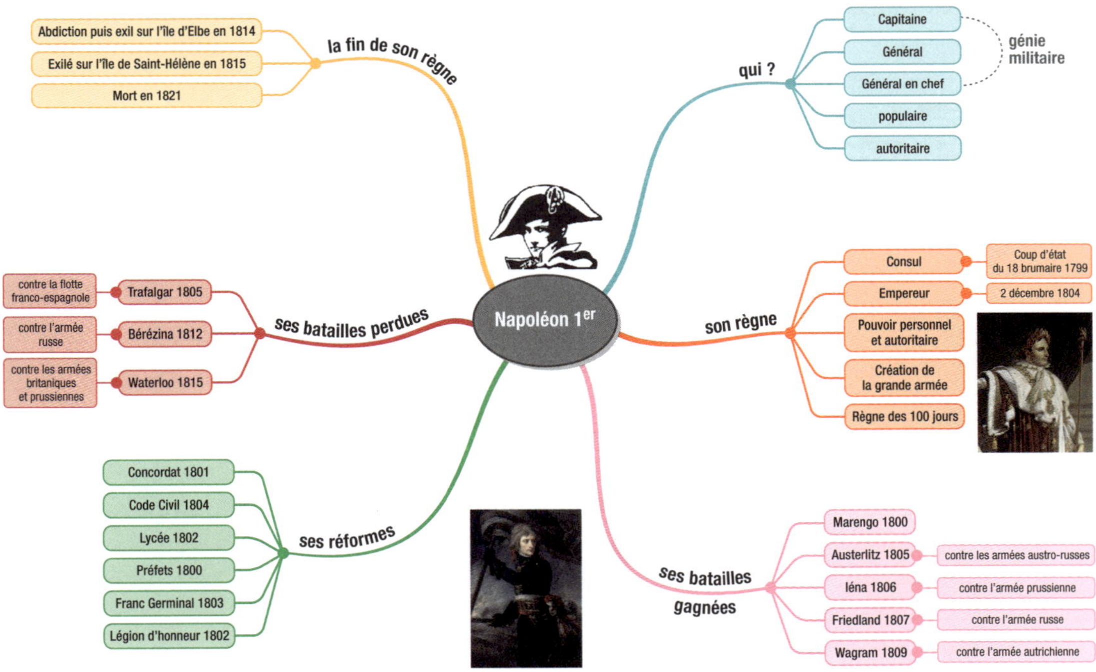

Exemple d'une carte mentale sur Napoléon

Déroulement

L'enseignant présente l'activité : « *Aujourd'hui, vous allez créer une carte mentale qui regroupe deux traces écrites sur Napoléon. Si vous êtes capables de vous réapproprier le cours en le synthétisant, vous l'apprendrez beaucoup plus facilement et rapidement. Cet exercice doit vous aider à mémoriser de façon plus efficace vos leçons.* »

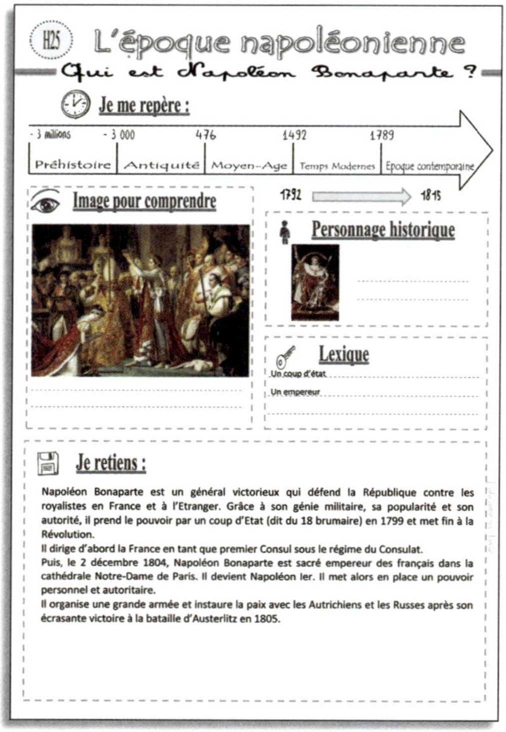

H25 L'époque napoléonienne

Qui est Napoléon Bonaparte ?

Je me repère :

- 3 millions	- 3 000	476	1492	1789
Préhistoire	Antiquité	Moyen-Age	Temps Modernes	Epoque contemporaine

1792 → 1815

Image pour comprendre

Personnage historique

Lexique

Un coup d'état

Un empereur

Je retiens :

Napoléon Bonaparte est un général victorieux qui défend la République contre les royalistes en France et à l'Etranger. Grâce à son génie militaire, sa popularité et son autorité, il prend le pouvoir par un coup d'Etat (dit du 18 brumaire) en 1799 et met fin à la Révolution.
Il dirige d'abord la France en tant que premier Consul sous le régime du Consulat.
Puis, le 2 décembre 1804, Napoléon Bonaparte est sacré empereur des français dans la cathédrale Notre-Dame de Paris. Il devient Napoléon Ier. Il met alors en place un pouvoir personnel et autoritaire.
Il organise une grande armée et instaure la paix avec les Autrichiens et les Russes après son écrasante victoire à la bataille d'Austerlitz en 1805.

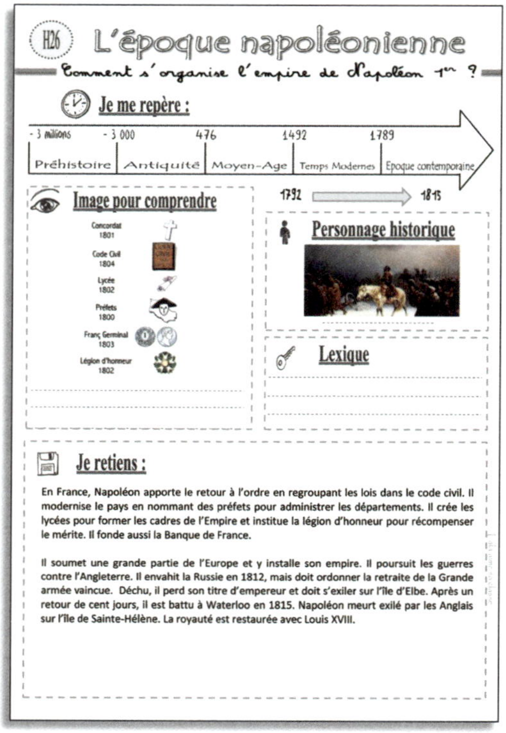

H26 L'époque napoléonienne

Comment s'organise l'empire de Napoléon 1er ?

Je me repère :

- 3 millions	- 3 000	476	1492	1789
Préhistoire	Antiquité	Moyen-Age	Temps Modernes	Epoque contemporaine

1792 → 1815

Image pour comprendre

Concordat 1801

Code Civil 1804

Lycée 1802

Préfets 1800

Franc Germinal 1803

Légion d'honneur 1802

Personnage historique

Lexique

Je retiens :

En France, Napoléon apporte le retour à l'ordre en regroupant les lois dans le code civil. Il modernise le pays en nommant des préfets pour administrer les départements. Il crée les lycées pour former les cadres de l'Empire et institue la légion d'honneur pour récompenser le mérite. Il fonde aussi la Banque de France.

Il soumet une grande partie de l'Europe et y installe son empire. Il poursuit les guerres contre l'Angleterre. Il envahit la Russie en 1812, mais doit ordonner la retraite de la Grande armée vaincue. Déchu, il perd son titre d'empereur et doit s'exiler sur l'île d'Elbe. Après un retour de cent jours, il est battu à Waterloo en 1815. Napoléon meurt exilé par les Anglais sur l'île de Sainte-Hélène. La royauté est restaurée avec Louis XVIII.

Il explique de façon concrète la manière de procéder.

- Les élèves sont invités à relire les deux traces écrites.
- Pour chaque paragraphe, ils repèrent les mots importants qui ne seront pas reformulés, les dates, les nombres, les définitions. Ils peuvent les surligner. L'enseignant rappelle que tout ne doit pas être surligné, le travail deviendrait vite inefficace.
- Dans chaque paragraphe, les élèves listent les idées principales. On trouve ainsi :
  - des renseignements sur le général Bonaparte (personnalité) ;
  - son règne (date du sacre, organisation du régime) ;
  - ses grandes batailles ;
  - ses batailles perdues ;
  - ses grandes réformes ;
  - la fin de son règne.

Chaque idée principale est notée au tableau et représente les branches principales de la carte mentale.

Trace écrite 1 :

Napoléon Bonaparte est un général victorieux qui défend la République contre les royalistes en France et à l'Etranger. Grâce à son génie militaire, sa popularité et son autorité, il prend le pouvoir par un coup d'Etat (dit du 18 brumaire) en 1799 et met fin à la Révolution. → qui ?

Il dirige d'abord la France en tant que premier Consul sous le régime du Consulat. Puis, le 2 décembre 1804, Napoléon Bonaparte est sacré empereur des français dans la cathédrale Notre-Dame de Paris. Il devient Napoléon Ier. Il met alors en place un pouvoir personnel et autoritaire. → son règne

Il organise une grande armée et instaure la paix avec les Autrichiens et les Russes après son écrasante victoire à la bataille d'Austerlitz en 1805. → ses grandes batailles

Trace écrite 2 :

En France, Napoléon apporte le retour à l'ordre en regroupant les lois dans le code civil. Il modernise le pays en nommant des préfets pour administrer les départements. Il crée les lycées pour former les cadres de l'Empire et institue la légion d'honneur pour récompenser le mérite. Il fonde aussi la Banque de France. → ses réformes

Il soumet une grande partie de l'Europe et y installe son empire. Il poursuit les guerres contre l'Angleterre. Il envahit la Russie en 1812, mais doit ordonner la retraite de la Grande armée vaincue. Déchu, il perd son titre d'empereur et doit s'exiler sur l'île d'Elbe. Après un retour de cent jours, il est battu à Waterloo en 1815. Napoléon meurt exilé par les Anglais sur l'île de Sainte-Hélène. La royauté est restaurée avec Louis XVIII. → ses défaites → la fin de son règne

Pour cette seconde phase, les élèves travaillent de façon individuelle mais on peut aussi permettre un travail en binôme. Chaque élève doit poursuivre l'élaboration de la carte en s'appuyant cette fois sur les « sous-parties » qui deviendront les « sous-branches » de la carte mentale. Les élèves peuvent choisir les dessins/pictogrammes adéquats. Les informations sont prélevées dans les textes des traces écrites, mais peuvent aussi être enrichies par des informations présentes dans les documents de travail.

Lorsque la carte est achevée, les élèves en binôme se relisent à tour de rôle leurs cartes ainsi créées. Ils doivent reformuler les branches en faisant des phrases précises ; c'est dire qu'ils doivent être capables de s'approprier les mots lus et de les énoncer dans leurs propres mots. Après ces deux lectures, les élèves peuvent échanger sur le contenu des cartes (contenu fidèle et complet).

Les élèves tentent une dernière fois de restituer la leçon sans l'aide des supports (carte mentale ou trace écrite). Chaque partenaire contrôle, aide ou reprend son camarade pour l'aider à avancer. L'enseignant passe pendant ce temps dans la classe pour écouter les élèves.

À la fin de la séance, la classe est regroupée : l'enseignant conclut sur la technique de réalisation de la carte mentale, la façon de reformuler les mots clés, les facilités et les difficultés rencontrées pour mémoriser.

Les élèves apprendront à réaliser aussi souvent que possible une carte mentale pour préparer les évaluations. Cet exercice permet également de poursuivre le travail de structuration de la pensée (et de compréhension).

- **Exemples de cartes mentales**

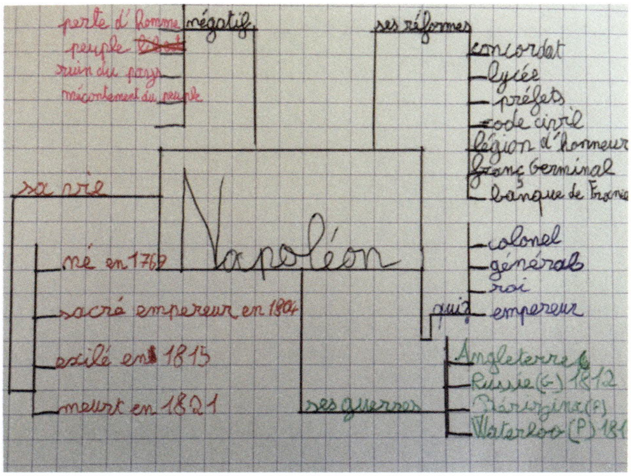

Exemple de carte élève

L'élève a réalisé une carte très synthétique. Il n'a pas suivi les caractéristiques de la carte mentale en proposant une couleur par branche. Néanmoins, le choix des écritures colorées rend la carte tout à fait lisible.

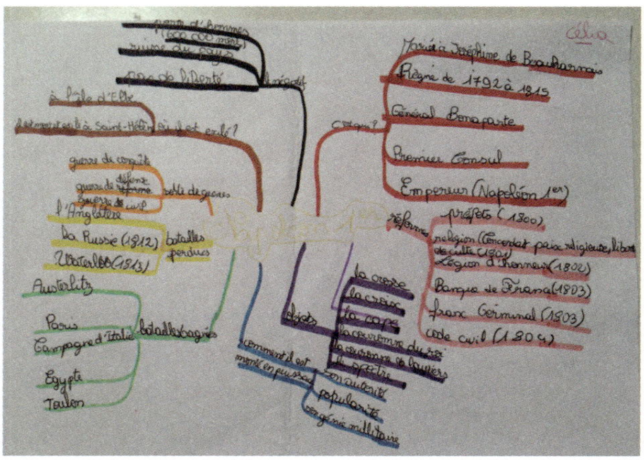

Exemple de carte élève

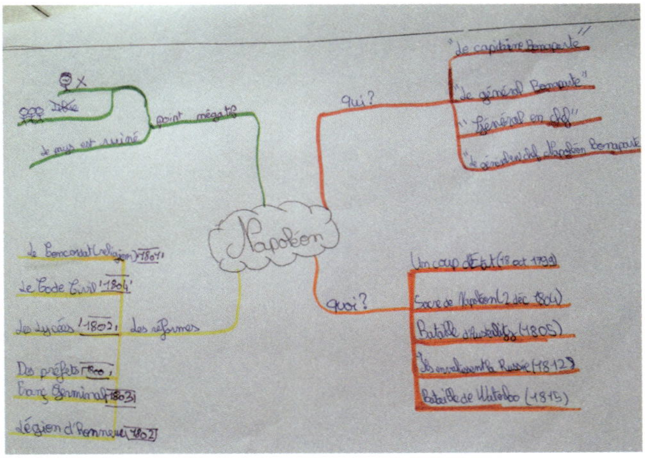

Exemple de carte élève

On voit dans ces deux derniers exemples que les élèves ont enrichi leurs cartes de nouvelles branches ou de nouvelles informations. Ils ont pris en compte leurs oublis à la suite des discussions qu'ils ont eues avec leurs camarades.

Comprendre en synthétisant ses idées

Les élèves de CM1-CM2 travaillent ici leur compréhension à partir de textes et de documents différents :

- à partir d'un texte de Bernard Friot en lecture ;
- à partir de l'album *La Princesse, le dragon et le chevalier intrépide* de Geoffroy de Pennart ;
- après l'étude du roman de Roald Dahl *Charlie et la chocolaterie* en français ;
- à partir de textes et d'images sur le siècle des Lumières en histoire.

Préparation des séances

Il n'y a pas de préparation spécifique pour mener à bien ces séances. La compréhension est travaillée de façon interdisciplinaire toute l'année. Les élèves s'appuient sur des stratégies de lecture efficaces : ils prennent ainsi conscience des moyens qu'ils mettent en œuvre pour comprendre.

En voici quelques exemples : le repérage et l'utilisation des substituts, des connecteurs ou des marques morpho-syntaxiques, les liens entre les phrases ou les paragraphes, le questionnement continuel sur les textes et les hypothèses qui en découlent, les inférences…

Trouver l'idée essentielle d'une phrase puis d'un paragraphe ou extraire les informations pertinentes d'un texte et d'un chapitre entier font partie des stratégies les plus importantes à développer, en raison de leur impact dans l'ensemble des disciplines.

Les élèves se sont entrainés avec l'exercice qui consiste à donner un titre pour chaque paragraphe d'un texte (reformulation d'une idée à l'aide d'un mot clé).

Comprendre un texte

Objectifs

Résumer un texte à l'aide d'une carte mentale

Compétences

- Mise en œuvre d'une démarche de compréhension à partir d'un texte lu (identification des informations importantes)
- Mise en relation de ces informations ; repérage et mise en relation des liens logiques et chronologiques
- Mise en relation du texte avec ses propres connaissances
- Interprétations à partir de la mise en relation d'indices, explicites ou implicites, internes au texte ou externes (inférences)

Organisation

Travail individuel

Matériel

Le texte de B. Friot et le document de travail

Durée

30 min

• Préparation

Cette séance permet de travailler la technique du résumé avec des élèves de cycle 3. Les élèves ont déjà abordé la technique de façon orale à plusieurs reprises.

Le choix du support sur lequel les élèves vont s'entrainer à synthétiser les idées est essentiel.
Les nouvelles de Bernard Friot ont l'avantage d'être à la fois courtes et très structurées (avec un début, un milieu et une fin). Les élèves ont baigné dans l'univers de l'auteur en étudiant plusieurs de ses textes. Ils ont notamment analysé comment Bernard Friot manipule son lecteur en proposant une fin souvent inattendue.

La nouvelle qui sera résumée s'intitule « Histoire impossible[1] » (voir p. 142).
L'enseignant prépare le texte et le support sur lequel les élèves vont écrire. Il s'appuie sur les éléments du résumé qui ont été travaillés avec les élèves oralement.

---

1. Bernard Friot, *Encore des histoires pressées,* Milan Poche Junior, 2010.

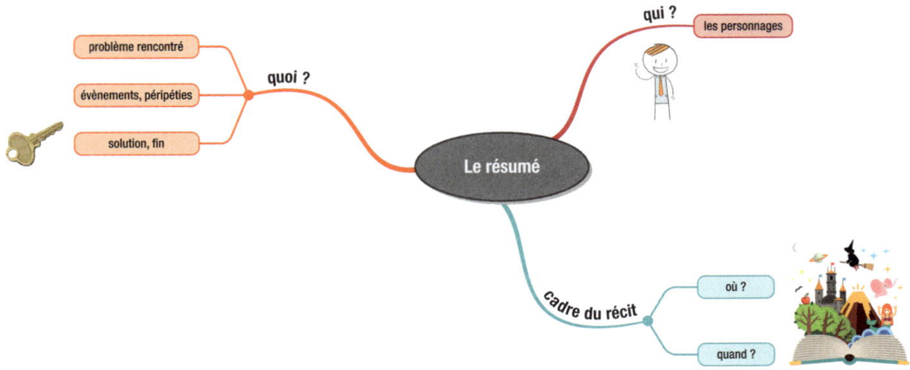

Carte mentale des principaux éléments du résumé

D'après les documents d'accompagnement, « il ne s'agit pas ici de réduire le texte mais de différencier les éléments essentiels à la compréhension et ceux qui sont plus accessoires. C'est un exercice qui permet de sérier les étapes d'un récit, les informations essentielles ou encore les idées importantes et de les restituer en conservant leur sens. C'est aussi un exercice complexe et souvent redouté par les élèves ainsi que par les enseignants mais qui a de nombreux avantages.

Il permet de :
- hiérarchiser les informations ou les idées ;
- structurer la pensée ;
- repérer les informations essentielles et les éléments qui assurent la cohérence[2]. »

C'est dire l'intérêt de proposer la réalisation de la carte mentale comme écrit intermédiaire avant de passer à l'écriture du résumé comme tel.

Déroulement

L'enseignant présente l'activité : « *Aujourd'hui, vous allez écrire le résumé d'une histoire de Bernard Friot. Je vous rappelle qu'un résumé est une version abrégée d'une histoire dans laquelle seules les informations principales apparaissent. Vous allez faire une carte mentale des cinq éléments essentiels qui doivent être dans votre résumé pour vous aider à construire votre texte.* »

Les élèves découvrent le texte. L'enseignant leur demande de rappeler les éléments-clés du résumé : *qui, où, quand, quoi* (problème posé, péripéties), *comment* (les solutions) sont les questions sur lesquelles les élèves peuvent s'appuyer pour construire leur texte.

2. Eduscol – Travailler et évaluer la compréhension – le résumé.

Histoire impossible

1 Après l'école, je suis rentré chez moi par le chemin habituel. J'ai pris la bonne rue, je suis sûr, juste après la pâtisserie Fiévet. Mais quand je suis arrivé chez nous au numéro 13, il n'y avait plus rien, plus de maison, rien qu'un trou très profond, et comme des bulles énormes s'en échappaient.

Quand j'ai ouvert la porte, j'ai poussé un cri, horrifié. Dans le couloir, des centaines de serpents sifflaient, tête dressée, gueule ouverte : un tapis rampant de reptiles menaçants.

2 Je suis allé directement à la cuisine. J'ai ouvert le Frigidaire. Atroce ! Ma grande sœur Alice y était enfermée, pliée en quatre et congelée, et elle me regardait de ses grands yeux de poisson mort. J'ai pris un yaourt à la fraise. Ce n'était pas du yaourt, mais du sang épais de crocodile, avec des morceaux de chair fraîche qui baignait dedans. J'ai jeté le pot vide à la poubelle et je suis monté dans ma chambre. L'escalier s'est écroulé et j'ai plongé dans le vide. Tandis que je sombrais, des morts vivants me griffaient et me pinçaient en ricanant.

3 J'ai fait mes exercices de maths. Facile. Et j'ai commencé la rédaction pour jeudi. Mais trois vampires se sont jetés sur moi et ont enfoncé leurs crocs dans ma gorge, des fourmis géantes m'ont arraché la peau, des corbeaux fous m'ont picoré le dos, et un homme affreux, au visage couvert de pustules puantes, m'a découpé en rondelles avec une scie électrique mal aiguisée.

Alors, fatigué, je suis descendu au salon, je me suis confortablement installé dans mon fauteuil préféré, et j'ai regardé un film d'horreur pour me changer les idées.

Bernard Friot, « Histoire impossible »,
in *Encore des histoires pressées*, © Milan, 2007.

Les élèves réalisent leur carte mentale. L'enseignant passe dans les rangs et donne des conseils.

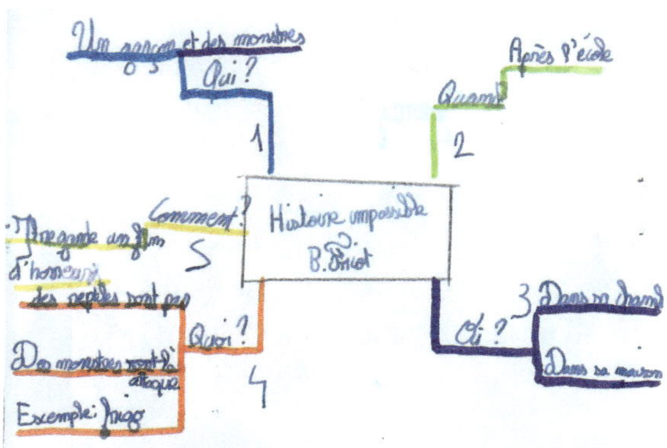

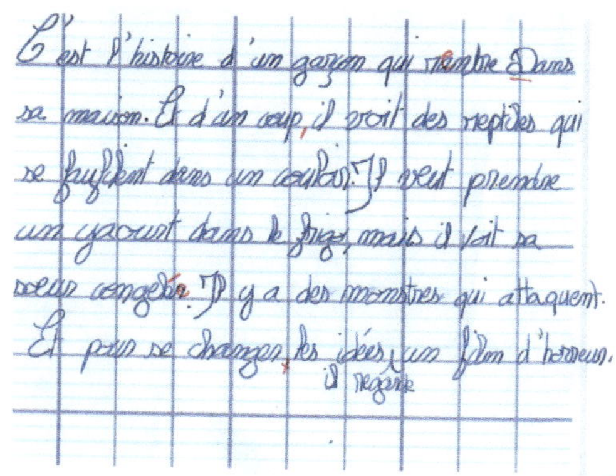

Exemple 1

L' élève qui a réalisé la carte et produit le texte de la page précédente a bien pris en compte toutes les idées de l'histoire ; il doit cependant mieux les organiser. Il choisit de numéroter ses branches plutôt que de recommencer sa carte.

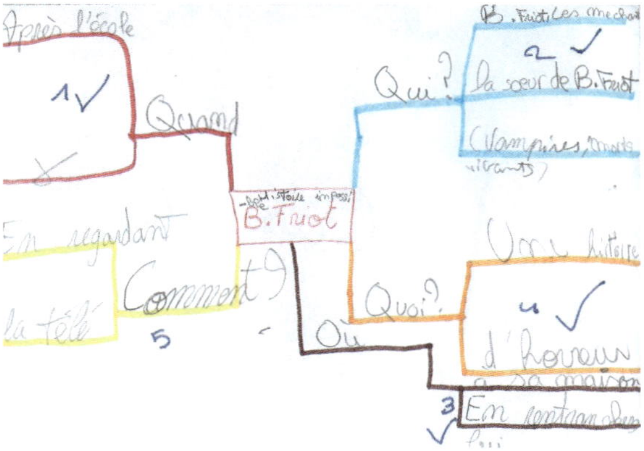

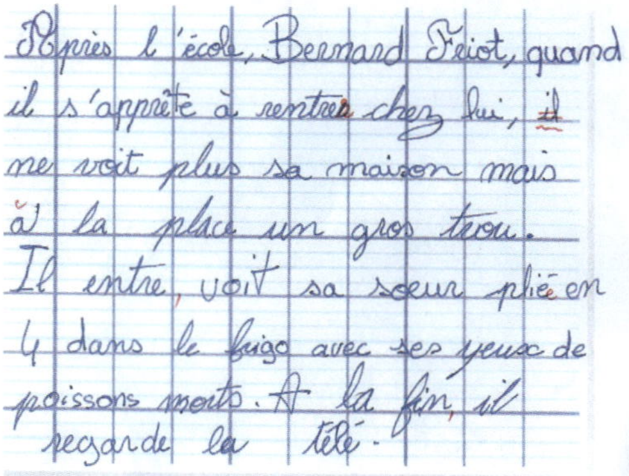

Exemple 2

La carte mentale de cette élève est également désorganisée. Toutefois, elle a suivi les conseils de numérotation. La présence des symboles « V » sur la carte montre qu'elle a vérifié son texte et la présence des cinq idées.

Le texte suit l'enchainement des idées de la carte. L'enseignant pourra proposer d'enrichir le texte avec des connecteurs autres que la conjonction « et ».

Les différents textes produits et les écrits intermédiaires (cartes mentales) montrent que les élèves ont compris l'histoire de Bernard Friot.

À la fin de la séance, les élèves peuvent lire les textes produits à l'ensemble de la classe.

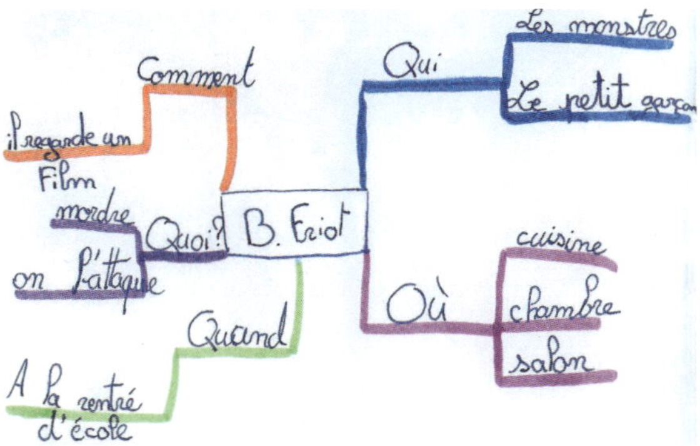

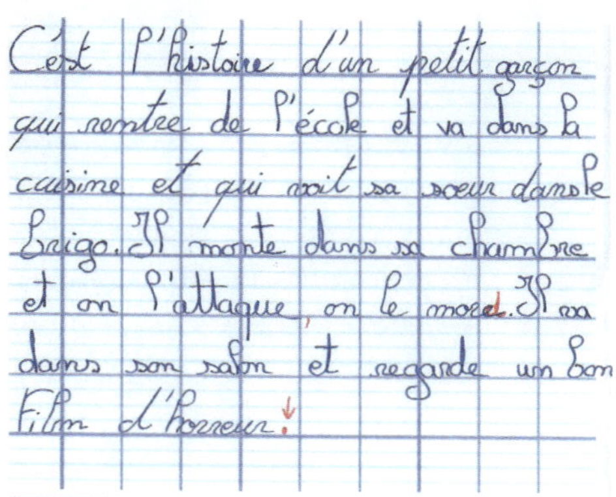

Exemple 3

Comprendre un album (GS - maternelle)

Objectif

Construire l'enchainement logique/chronologique du conte à l'aide de la carte mentale

Compétences

Mise en œuvre d'une démarche de compréhension à partir d'un album lu (identification des personnages, des actions, repérage et mise en relation des liens logiques et chronologiques)

Organisation

Travail individuel

Matériel

L'album *La Princesse, le dragon et le chevalier intrépide* de Geoffroy de Pennart (Éditions Kaléidoscope) et l'affiche carte mentale

Durée

- 30 min collectivement
- 5 min par enfant

Préparation

Cette séance se déroule en plusieurs phases et permet de travailler la compréhension mais aussi le langage oral avec des élèves de grande section. Il est intéressant de choisir un conte dont la structure met bien en avant les cinq étapes de ce schéma narratif particulier.

L'enseignant prépare l'activité en agrandissant une carte mentale puzzle et des images qu'il a sélectionnées dans chaque étape du conte.

On trouve :

- les personnages de l'histoire et les lieux ;
- la situation initiale (une princesse et un dragon dans une école) ;
- le problème (le chevalier blesse le dragon en pensant sauver la princesse) ;
- les actions (le chevalier combat différentes créatures) ;
- le dénouement (le chevalier revient avec l'arnica).
- la situation finale (la princesse et le chevalier tombent amoureux).

Déroulement

• Phase 1

L'album est lu à plusieurs reprises aux élèves de façon collective. L'enseignant explique l'activité : « *L'histoire de la princesse, du dragon et du chevalier intrépide est un conte. Pour faire partie des contes, il faut qu'on retrouve 5 étapes clés : le début, le problème, des actions, la résolution du problème et une fin. Nous allons maintenant construire une carte mentale qui nous permettra de voir ces cinq étapes importantes. Nous allons nous aider d'images que nous viendrons placer dans la carte mentale.* »

Puis l'enseignant questionne les élèves collectivement tout en les aidant à replacer les images dans la carte mentale vide :

- « *Quelles sont les personnes de l'histoire ?*
- *Que se passe-t-il au début ?*
- *Qu'est-ce qui vient perturber cette vie paisible ?*
- *Que fait le chevalier pour réparer sa bêtise ?*
- *Est-ce qu'il réussit ?*
- *Comment se termine cette histoire ?* »

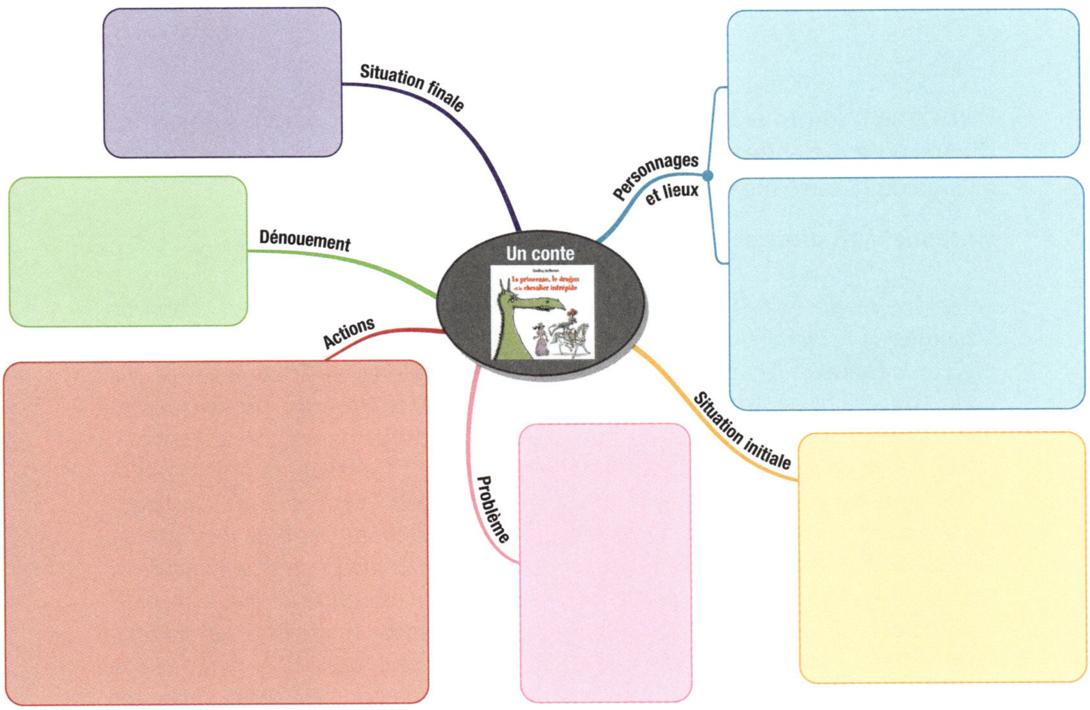

Carte vide

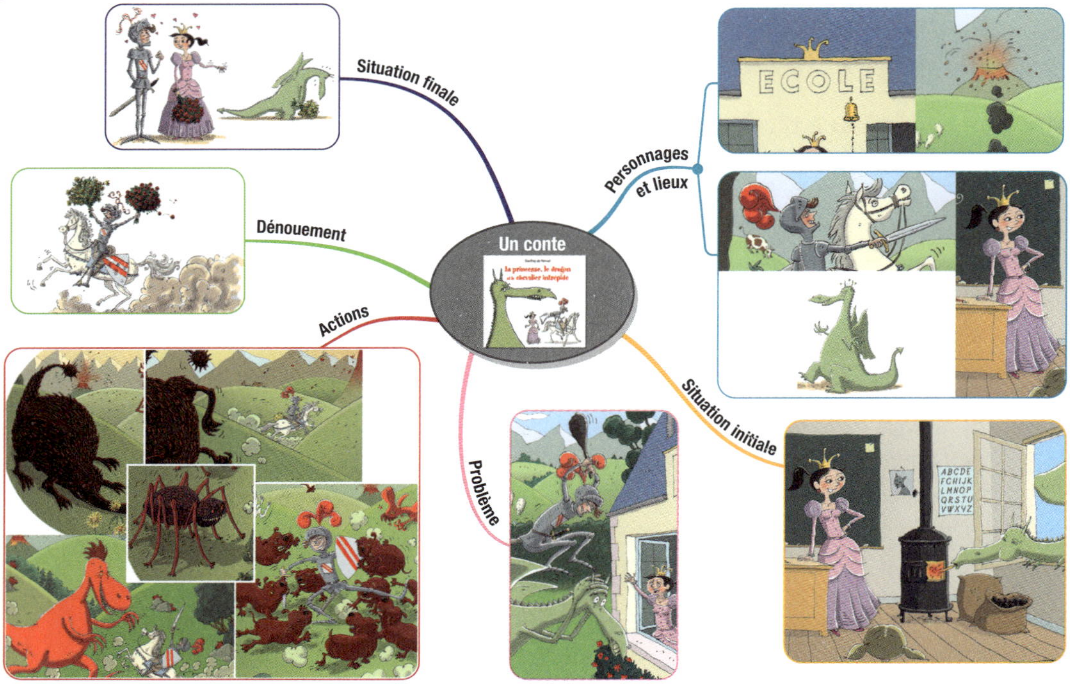

La Princesse, le dragon et le chevalier intrépide, Geoffroy de Pennart © Kaléidoscope, 2008.

Carte finalisée

• Phase 2

L'enseignant constitue des petits groupes afin de privilégier l'expression orale de chaque enfant. L'enseignant les sollicite individuellement pour raconter l'histoire à l'aide de la carte mentale.

Voici quelques propos recueillis (dictée à l'adulte).

« En fait, Marie est une maitresse qui a des élèves et il y a le dragon qui s'appelle Georges, qui allume le feu au charbon. Il y avait le dragon un jour qui allumait le feu et le chevalier l'a attaqué et il saute sur la tête du dragon. Et après Marie, elle dit : "Il faudrait de l'arnica" et elle dit à Jules d'aller chercher de l'arnica, auprès des montagnes et Georges dit : "Très loin dans les montagnes, il y a de l'arnica." Après, il va chercher de l'arnica et Marie, elle lui dit : "Surtout, ne prends pas le chemin de gauche, sinon il t'arriverait de graves dangers." Et après Jules, il est parti et il a pris le chemin de gauche, parce qu'il avait pas écouté Marie. Et il est pris au piège par le goinffrosaure à tête rouge et après, il a fait mourir le goinffrosaure et après il y a les bouffetoucrus qui l'attaquent et après, il rencontre un crapaud géant et un pustulius et après, il a fait mourir les deux et après les araignées et après, il cueille de l'arnica et il rencontre une renifleuse péteuse et après, il se dirige vers le volcan Boum Boum et après, il cueille des fleurs pour la princesse Marie. Il devient amoureux de la princesse. »

Tristan

Cet élève s'est appuyé sur la carte mentale pour construire ce riche récit. Grâce aux images, il a détaillé les différentes actions (noms des méchants). La structure du conte est respectée.

> *« Il y a le dragon, la princesse et le chevalier. La princesse travaille dans une école. Le dragon est en train d'allumer le charbon. Le chevalier croit que le dragon attaque l'école. Le chevalier assomme le dragon. La princesse dit qu'il ne faut pas passer par la route de gauche. Le chevalier s'est trompé. Après, il rencontre le tyranosaure à crête rouge et il rencontre les sortes de chiens, des monstres. Il rencontre la renifleuse péteuse. Il rencontre une sorte de grenouille et après il rencontre le volcan Boum Boum. Après, il ramène l'arnica et des roses. Après, la princesse est amoureuse du chevalier et il laisse le dragon tout seul. »*
>
> Lucas

Cet élève se sert de la carte à différents moments de son récit (présentation des personnages et de quelques actions). Parfois, il s'en détache aussi et apporte d'autres éléments qu'il a mémorisés.

> *« Au début, ça se passe dans une école. Marie est en train de faire sa classe et le dragon allume le poêle. Et après, le chevalier, il arrive et il saute sur la tête du dragon. Après, la princesse, elle dit qu'il faut de l'arnica. Et après, le chevalier, y va rencontrer tous les monstres. Et après, il va auprès du volcan, il ramasse de l'arnica et des fleurs rouges pour la princesse. Et après, il lui dit :* « J'ai trouvé ces fleurs au pied d'un volcan et elles sont pour vous.» *Et après, il les donne à la princesse et il lui dit :* « Elles sont pour vous, pour me faire pardonner et je vous aime. »
>
> Camille

Cette élève a raconté l'histoire de façon succincte en s'appuyant sur la carte mentale. Elle a ajouté des éléments à la fin de son récit. La structure du récit est également respectée.

La carte mentale joue un rôle essentiel puisqu'elle a permis à ces élèves d'apprendre à structurer leur récit en s'appuyant sur les cinq étapes.

Il serait intéressant d'enregistrer les élèves pour qu'ils écoutent leurs propres propositions et qu'ils puissent vérifier que les cinq étapes du conte ont bien été prises en compte.

L'enseignant peut également aller plus loin et retravailler individuellement quelques points particuliers :

- les connecteurs pour éviter la répétition « et après » (récit de Garance) ;
- les enchainements logiques (la quête de l'arnica pour réparer la bêtise dans le récit de Fantin) ;
- la correction de certaines phrases : « Le chevalier, y va rencontrer… ».

Comprendre un roman

Objectif

Analyser un roman à l'aide d'une carte mentale

Compétences

- Mise en œuvre d'une démarche de compréhension à partir d'un texte lu (identification des informations importantes, mise en relation de ces informations, repérage et mise en relation des liens logiques et chronologiques, mise en relation du texte avec ses propres connaissances, interprétations à partir de la mise en relation d'indices, explicites ou implicites, internes au texte ou externes…)
- Identification du genre et de ses enjeux

Organisation

Travail individuel

Matériel

- Le roman *Charlie et la chocolaterie* de Roal Dahl (Éditions Gallimard) et les documents de travail
- La carte mentale vide

Durée

30 min

Préparation

Les élèves ont étudié le roman *Charlie et la chocolaterie* de Roald Dahl, intégralement, sur plusieurs semaines. Cette séance finale permet de vérifier leur compréhension. On peut considérer l'activité comme une fiche de lecture d'entrainement ou même une évaluation.

L'enseignant prépare le document sur lequel les élèves vont travailler. Il s'agit d'une carte mentale recensant différentes informations explicites et implicites qui ont été abordées lors des séances précédentes, à savoir :

- les personnages principaux et secondaires et leurs qualités/défauts ;
- le résumé de l'histoire ;
- le genre littéraire du roman ;
- les thèmes évoqués dans le livre ;
- le message de l'auteur.

L'enseignant réalise sa propre carte mentale, ce qui lui permet de mieux cerner ses attentes quant à l'activité proposée et de mieux gérer les difficultés rencontrées par les élèves.

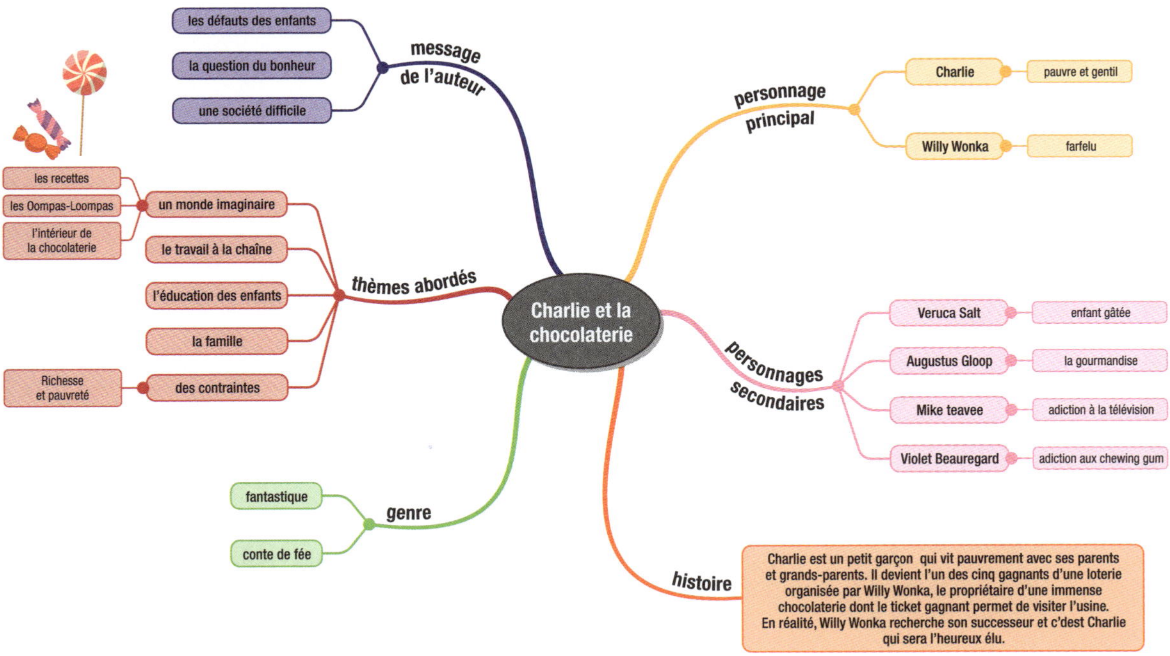

Carte mentale pour l'enseignant

Déroulement

L'enseignant distribue la carte mentale vide et présente la séance : « *Aujourd'hui, vous allez remplir une fiche de lecture sous la forme d'une carte mentale. Vous pouvez vous appuyer sur toutes les connaissances que vous avez acquises sur l'œuvre de Roald Dahl.* »

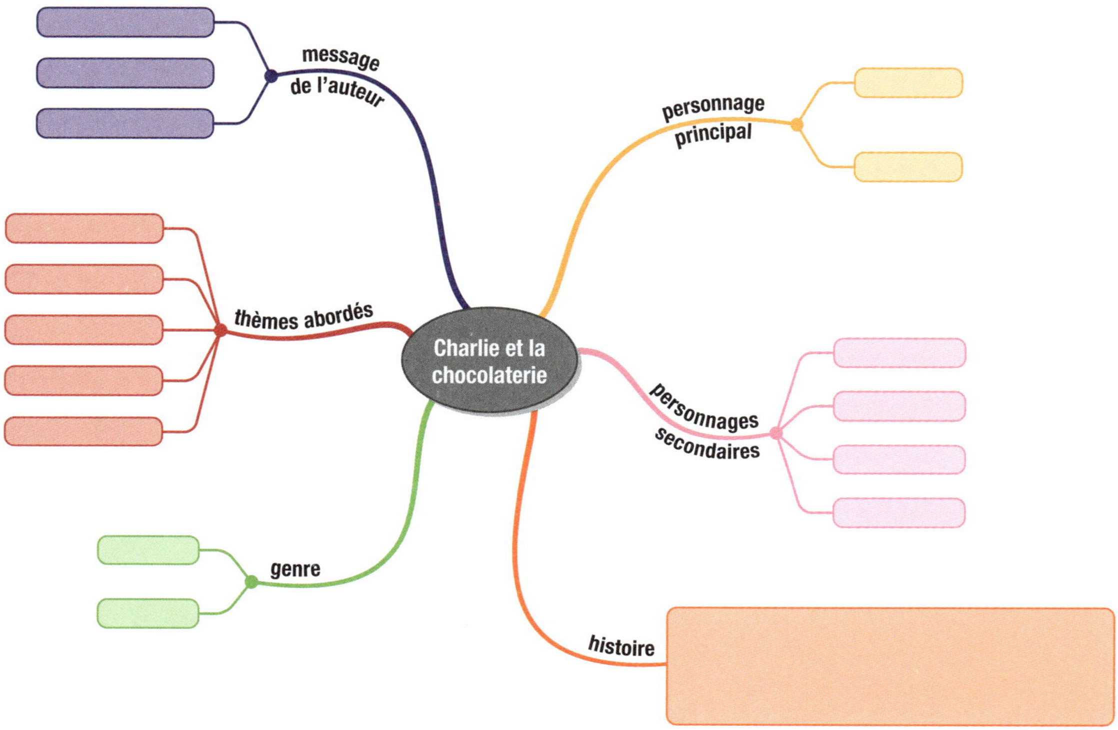

Carte vide

Les élèves peuvent se référer au roman et à l'ensemble des questionnaires de lecture portant sur les différents chapitres du roman qui ont déjà été corrigés.

Ce travail est réalisé de façon individuelle. Comme il s'agit d'une nouvelle activité, on pourra proposer d'autres fiches de lecture de ce type pour toutes les lectures autonomes des élèves.

La difficulté principale de cet exercice réside dans le fait que les élèves doivent synthétiser leurs réponses sous la forme de mots clés (ou de GN) alors qu'ils ont plutôt l'habitude de répondre à des questions par des phrases.

Comprendre des documents en histoire

Objectif
Réorganiser les idées essentielles de plusieurs documents sous la forme d'une carte mentale

Compétences
- Comprendre le sens général d'un document
- Extraire des informations pertinentes pour répondre à une question

Organisation
Travail individuel

Matériel
- Les documents
- Des feutres

Durée
30 min

Préparation

La séance présentée ci-dessous s'adressant à des élèves de CM2, il convient de soigner la préparation du document qui va être transformé en carte mentale. En effet, repérer les informations essentielles ne va pas de soi, surtout lorsque le document proposé comporte différents textes et plusieurs images. De plus, extraire les informations est un exercice difficile, surtout lorsque ces informations sont tantôt explicites (titres), tantôt implicites.

En créant ses propres supports, l'enseignant va donc sélectionner et étayer la recherche des idées principales.

- Le premier support est un texte qui permet d'identifier les idées des Lumières.

Le siècle des Lumières

Court résumé de la Déclaration d'indépendance des États-Unis

- Tous les hommes naissent égaux ;
- Ils détiennent des droits inaliénables parmi lesquels la vie, la liberté et la recherche du bonheur ;
- Pour garantir ces droits, ils forment des gouvernements. Le pouvoir des gouvernements vient du consentement des hommes gouvernés ;
- si un gouvernement ne reconnaît pas ces principes, le peuple a le droit et le devoir de le renverser.

• Le second support regroupe le portrait des principaux philosophes du siècle des Lumières.

Au XVIIIe siècle, les philosophes des Lumières veulent « éclairer » l'esprit et la pensée des hommes sur la manière de vivre heureux et de fonder une société plus juste. Ils s'appuient sur la raison et le savoir et défendent les idées de liberté et de progrès.

Qui sont ces philosophes ?

Voltaire
Rousseau
Diderot
Montesquieu

• Le troisième support est un mélange d'images et d'écrits qui liste différentes inventions de l'époque.

Idées et inventions...

Salons littéraires et cafés.

Brochures vendues par des colporteurs

L'Encyclopédie
- Dictionnaire des arts et des sciences
- 17 volumes édités de 1751 à 1772
- Collaboration de philosophes et de scientifiques
- 71 818 articles

Voici quelques inventions et découvertes :
- le microscope et la lunette astronomique
- l'anatomie
- la machine à vapeur (Denis Papin puis James Watt)
- des cartes plus précises de certaines zones de terre et découvertes de nouvelles plantes inconnues pour l'Europe (Bougainville).
- la montgolfière

• Le dernier support est une caricature des trois ordres, et un texte qui expliquent l'inégalité de la société au siècle des Lumières.

Caricature des trois ordres

L'une des critiques des philosophes...

La caricature est un moyen d'expression, souvent une critique moqueuse pour montrer l'injustice d'une situation : ici , les trois ordres sont représentés : on voit un vieil homme (Tiers-État) courbé qui porte les deux ordres privilégiés sur son son dos (Noblesse et Clergé). Les taxes qu'il est le seul à payer s'échappent de sa poche. Le dessin dénonce l'inégalité de la société à la vieille de la Révolution.

→ **Place les trois ordres (Tiers-État, Clergé, Noblesse) dans la caricature.**

Les quatre idées principales contenues dans ces supports représentent les quatre branches principales de la carte mentale.
Les élèves doivent répondre à des questions ciblées ou placer des mots au bon endroit dans chaque support. Ces mots sont les mots clés des sous-branches de la carte mentale.

Déroulement

L'enseignant explique l'activité : « *Vous allez lire le document et répondre aux différentes questions ou consignes. À la fin, vous construirez une carte mentale qui synthétise les idées contenues dans l'ensemble du document. Chaque texte ou image présente une idée principale. Les réponses que vous avez trouvées représentent les mots clés des branches secondaires.* »

L'enseignant peut proposer deux modalités de travail dans la réalisation de la carte mentale :

- Les élèves travaillent chaque support puis complètent les branches correspondantes de la carte mentale au fur et à mesure.
- Les élèves travaillent l'ensemble du document. À la fin, ils réalisent la carte mentale en venant extraire chaque idée dans chacun des supports proposés.

L'enseignant peut guider les élèves en les aidant à compléter la première branche avant de les laisser travailler en autonomie, une fois que la démarche est bien comprise.

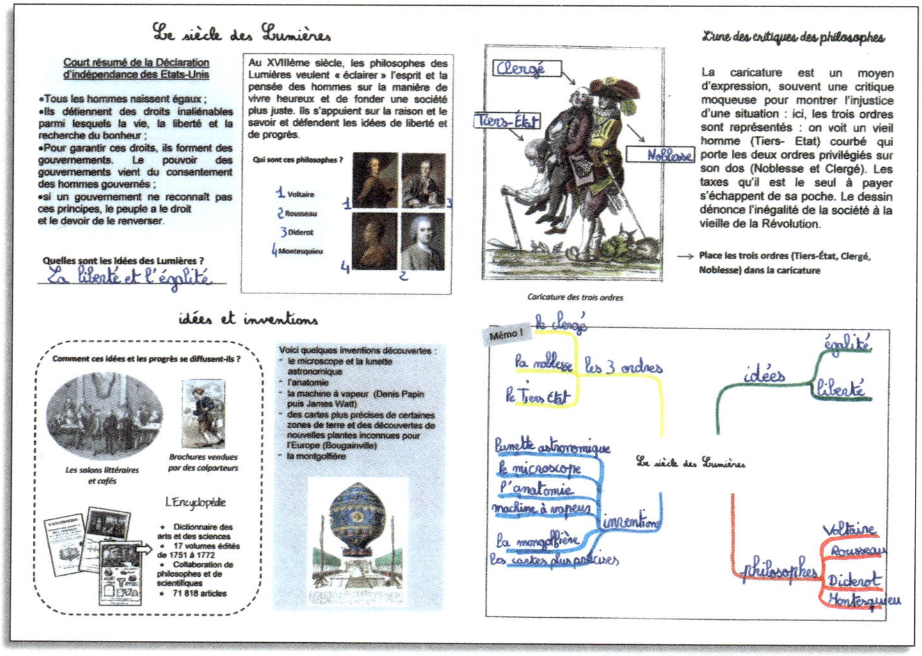

Le siècle des Lumières

Court résumé de la Déclaration d'indépendance des Etats-Unis

- Tous les hommes naissent égaux ;
- Ils détiennent des droits inaliénables parmi lesquels la vie, la liberté et la recherche du bonheur ;
- Pour garantir ces droits, ils forment des gouvernements. Le pouvoir des gouvernements vient du consentement des hommes gouvernés ;
- si un gouvernement ne reconnaît pas ces principes, le peuple a le droit et le devoir de le renverser.

Quelles sont les idées des Lumières ?
La liberté et l'égalité.

Au XVIIIème siècle, les philosophes des Lumières veulent « éclairer » l'esprit et la pensée des hommes sur la manière de vivre heureux et de fonder une société plus juste. Ils s'appuient sur la raison et le savoir et défendent les idées de liberté et de progrès.

Qui sont ces philosophes ?
1 Voltaire
2 Rousseau
3 Diderot
4 Montesquieu

L'une des critiques des philosophes

Caricature des trois ordres

La caricature est un moyen d'expression, souvent une critique moqueuse pour montrer l'injustice d'une situation : ici, les trois ordres sont représentés : on voit un vieil homme (Tiers- Etat) courbé qui porte les deux ordres privilégiés sur son dos (Noblesse et Clergé). Les taxes qu'il est le seul à payer s'échappent de sa poche. Le dessin dénonce l'inégalité de la société à la vieille de la Révolution.

→ **Place les trois ordres (Tiers-État, Clergé, Noblesse) dans la caricature**

idées et inventions

Comment ces idées et les progrès se diffusent-ils ?

Les salons littéraires et cafés

Brochures vendues par des colporteurs

L'Encyclopédie
- Dictionnaire des arts et des sciences
- 17 volumes édités de 1751 à 1772
- Collaboration de philosophes et de scientifiques
- 71 818 articles

Voici quelques inventions découvertes :
- le microscope et la lunette astronomique
- l'anatomie
- la machine à vapeur (Denis Papin puis James Watt)
- des cartes plus précises de certaines zones de terre et des découvertes de nouvelles plantes inconnues pour l'Europe (Bougainville)
- la montgolfière

Mémo !

Document rempli par un élève

Planifier

Ce chapitre présente deux séances qui visent à conduire des élèves de cycle 3 à planifier leur travail ou leur démarche :

- la première est une séance de résolution de problèmes ;
- la seconde est une séquence en arts visuels.

Dans les deux cas, les élèves ont déjà manipulé les cartes mentales. Ces deux séance/séquence interviennent en fin d'année, une fois que les élèves se sont bien approprié l'« outil carte mentale ».

Préparation des séances

Niveau

Cycle 3

Nombre de séances

- 1 séance en résolution de problèmes
- Plusieurs séances pour le projet en arts visuels

Il n'y a pas vraiment de document à préparer puisque ce sont les élèves qui vont les créer.

Le travail de préparation est cependant conséquent : tout repose sur les choix de l'enseignant qui souhaite engager ses élèves sur un projet ou une tâche en toute autonomie.

En art par exemple, le projet doit être le plus accessible possible : cela peut être sous la forme d'un diaporama présentant les artistes et les œuvres ciblées. L'enseignant peut l'illustrer de photographies.

En maths, c'est le choix des problèmes complexes qui est important. Cela va dépendre du niveau des élèves (les notions sollicitées), mais aussi de leurs capacités à résoudre des problèmes complexes (nombre et type de calcul en jeu).

Une séance en résolution de problèmes

Objectif

Résoudre un problème complexe en organisant sa démarche à l'aide d'une carte mentale

Compétences

- Prélever et organiser les informations nécessaires à la résolution de problèmes à partir de supports variés
- Résoudre des problèmes nécessitant l'organisation de données multiples ou la construction d'une démarche qui combine des étapes de raisonnement

Organisation

Travail en groupe

Matériel

- Le problème
- Les feutres
- Une feuille blanche

Durée

30 min

Préparation

L'enseignant choisit les problèmes en fonction du nombre d'étapes et la possibilité pour les élèves d'organiser leur démarche de résolution en carte mentale.

Voici les deux problèmes proposés[1].

Les brioches

Une pâtisserie industrielle produit 8 000 brioches par jour.
Il faut commander de la farine et des œufs pour un mois de 30 jours.
Pour une brioche, il faut :
– 250 g de farine
– 3 œufs
La farine est livrée par camion transportant 80 sacs. Chaque sac pèse 25 kg.
Les œufs sont livrés par camionnette de 12 plateaux. Chaque plateau contient 1 000 œufs.

Combien de camions de farine et combien de camionnettes d'œufs faut-il commander pour un mois ?

1. *Apprentissages numériques et résolution de problèmes CM2,* Collectif d'auteurs de l'I.N.R.P., Coll. Ermel, © Éditions Hatier, 2005.

Le mobilier de l'école

Une entreprise expédie trois chargements de 300 kg chacun pour équiper en mobilier une école.
Le premier chargement contient 15 tables et 30 chaises.
Le second contient 25 tables.
Le troisième contient 10 tables, 20 chaises et 5 armoires.

Combien pèse une chaise ?
Combien pèse une table ?
Combien pèse une armoire ?

Les élèves doivent reconnaitre, trier et organiser les données. Ils doivent, en petits groupes, concevoir des étapes et planifier une résolution au moyen d'une carte mentale.

Déroulement

L'enseignant présente la séance : « *Vous allez devoir résoudre un problème à plusieurs, en petits groupes. Vous devez expliquer votre démarche sous la forme d'une carte mentale. Pour cela, vous rédigez la solution en indiquant les différentes étapes dans l'ordre où il faut les traiter. Vous ne devez rendre qu'une seule carte mentale comprenant les calculs et les réponses.* »

Les élèves se répartissent dans leurs groupes respectifs. Ils lisent le problème choisi, individuellement, dans un premier temps, de façon à mobiliser leurs connaissances avant d'échanger avec leurs camarades.

L'enseignant propose ensuite une lecture collective du problème et pose quelques questions pour vérifier la compréhension de l'énoncé :
- « *De quoi parle ce problème ?*
- *Que faut-il trouver ?* »

Les élèves sont invités à voir « le film dans leur tête » pour mettre en mémoire les différentes données en jeu et ce qu'ils doivent chercher.

Les différents groupes se mettent au travail. L'enseignant circule dans la classe et guide les élèves sur l'organisation des branches :
- une branche principale pour énoncer les données utiles ;
- autant de branches qu'il y a de données différentes à traiter ;
- des branches secondaires pour développer un ou plusieurs calculs ;
- une dernière branche pour délivrer la ou les solutions.

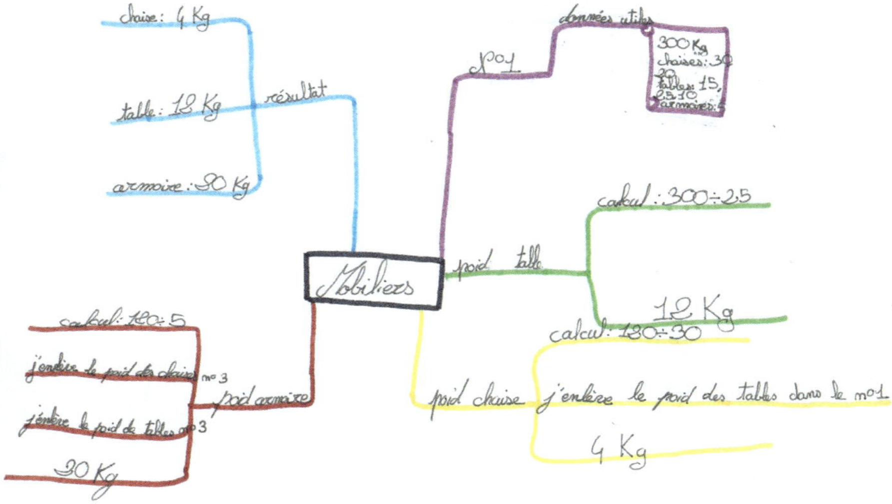

Exemple de carte élève

Dans le problème du mobilier, le groupe a proposé une branche pour énoncer l'ensemble des données utiles puis une branche par mobilier (table, chaise et armoire). La dernière branche permet de voir la solution du problème en un clin d'œil.

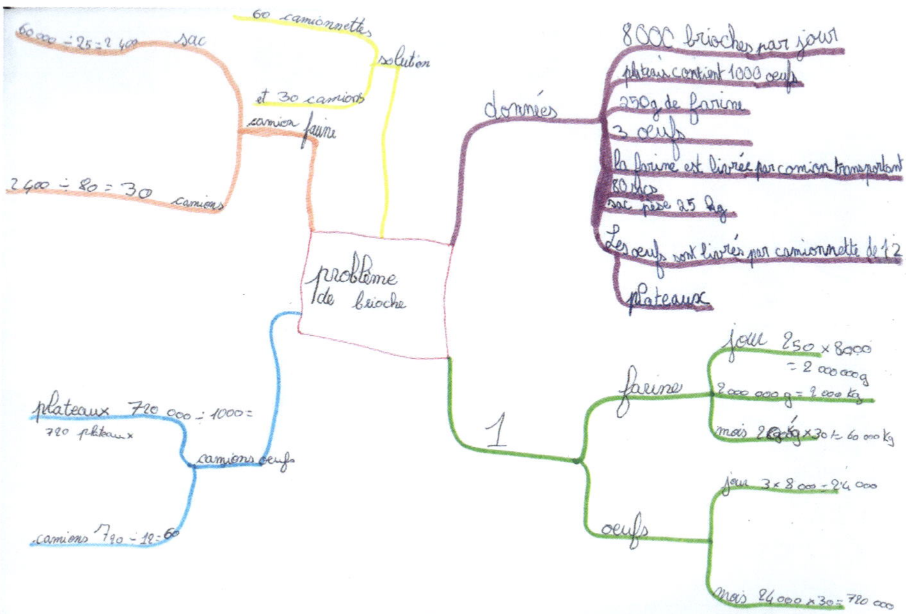

Exemple de carte élève

Le problème des brioches est un peu plus complexe puisqu'il y a plusieurs calculs pour chaque donnée « œuf » et « farine » (calcul des œufs, de la farine pour un jour ou pour 30 jours, par exemple). Il faut aussi prendre en compte les données sur le transport (camion, camionnette) et leur conditionnement (plateaux, sacs). Ces calculs sont organisés en sous-branches.

Le groupe qui a été réalisé la seconde carte ci-contre a choisi de regrouper les données « œuf » et « farine » en une seule branche principale et d'organiser ensuite chaque transport en deux branches principales distinctes. Il avait oublié la branche « solution » que l'enseignant leur a soufflée.

Une séquence en arts visuels

Objectif

Mettre en œuvre un projet artistique sous la forme d'une carte mentale

Compétences

- Identifier les principaux outils et compétences nécessaires à la réalisation d'un projet artistique
- Se repérer dans les étapes de la réalisation d'une production plastique individuelle ou collective
- Anticiper les difficultés éventuelles

Organisation

- Travail individuel
- Collaboration

Matériel

- La fiche artiste
- Les feutres
- La feuille blanche

Durée

30 min

Préparation

L'enseignant propose cinq projets artistiques sur le thème de la mer en lien avec un séjour en Normandie. La classe a déjà travaillé sur le thème toute l'année, notamment avec les dictées « histoire de l'art »[2] :

2. Voir le blog de Mélimélune. Ces dictées hebdomadaires visent à travailler et automatiser les connaissances en orthographe et en grammaire. Les textes proposés portent sur des œuvres dans les 6 domaines de l'histoire des arts (arts du son, arts du visuel, arts de l'espace, arts du quotidien, arts de la scène et arts du langage).

- *Les Nanas* de Niki de Saint-Phalle
- *La Vague* de Hokusai
- *La Persistance de la mémoire* de Dali et son œuvre
- Un extrait du roman de Maupassant *Pierre et Jean* décrivant un paysage de bord de mer.

> « Le petit paquebot sortit des jetées, tourna à gauche et soufflant, haletant, frémissant, s'en alla vers la côte lointaine qu'on apercevait dans la brume matinale. De place en place, la voile rouge d'un lourd bateau de pêche immobile sur la mer plate avait l'air d'un gros rocher sortant de l'eau. Et la Seine descendant de Rouen semblait un large bras de mer séparant deux terres voisines. En moins d'une heure, on parvint au port de Trouville, et comme c'était le moment du bain, Pierre se rendit sur la plage. De loin, elle avait l'air d'un jardin plein de fleurs éclatantes. Sur la grande dune de plage jaune, depuis la jetée jusqu'aux Roches Noires, les ombrelles de toutes les couleurs, les chapeaux de toutes les formes, les toilettes de toutes les nuances, par groupes devant les cabines, par lignes le long du flot dispersées çà et là, ressemblaient vraiment à des bouquets énormes dans une prairie démesurée. Et le bruit confus, proche et lointain des voix égrenées dans l'air léger, les appels, les cris d'enfants qu'on baigne, les rires clairs des femmes faisaient une rumeur continue et douce, mêlée à la brise insensible et qu'on aspirait avec elle. »
>
> Guy de Maupassant, *Pierre et Jean,* 1888.

- Le plasticien Martial Raysse et son œuvre *Soudain l'été dernier,* la peinture acrylique sur toile et photographie (en trois parties) d'une baigneuse accompagnée d'objets réels.

Les élèves travaillent ici les compétences suivantes :

- Chercher différentes façons de faire.
- Définir ses étapes de travail.
- Se situer dans la tâche (savoir ce qui a été fait et ce qui reste à faire).
- Gérer son travail (s'organiser, planifier, anticiper).
- Analyser ses erreurs et s'en servir pour progresser.
- Travailler en groupe (mettre ses compétences au service de l'organisation collective)
- S'investir dans différents rôles permettant le progrès individuel ou collectif (tuteur, observateur…).
- Commencer à reprendre sa proposition en s'appuyant sur des aides extérieures (camarades).

Déroulement

• Phase 1 : présentation du projet artistique

L'enseignant présente les cinq projets à la classe : « *Vous allez choisir un projet parmi les cinq que je vais vous proposer. Vous aurez plusieurs séances (pendant 1 mois et demi) pour réaliser ce projet qui doit être impérativement en version 3D. Vous devez planifier ce projet en carte mentale.* »

• Phase 2 : planification du projet en carte mentale

Les élèves, après avoir pris connaissance des projets, ont quelques minutes pour se décider et faire connaitre leur choix.

Puis ils s'engagent dans la réalisation de la carte mentale en développant les points suivants :
- Le matériel nécessaire
- Les étapes de réalisation
- Les accessoires utiles
- Les problèmes rencontrés et leurs solutions

Les élèves peuvent par exemple s'appuyer sur les fiches « œuvres d'art »[3].

• Phases suivantes

Les élèves travaillent leur projet sur plusieurs séances. En classe, ils sont regroupés par projet de façon à pouvoir échanger entre eux (ilots de travail).

L'enseignant n'intervient pas, mais il fournit le matériel (peinture, encre, colle, feutres...). Les accessoires ou les besoins spécifiques (boite à chaussure, carton, bois, branche...) ne sont pas donnés. Ce sont les élèves eux-mêmes qui comblent leurs besoins.

À chaque séance, l'enseignant invite les élèves à analyser leurs cartes mentales et à y porter tout nouvel élément (difficulté, besoin, solution...). La carte mentale est donc évolutive ou représentative de l'avancée du projet.

---

3. Chaque fiche comprend quelques reproductions des œuvres de l'artiste, le contexte historique, une frise pour se repérer dans le temps.... Les élèves sont également invités à donner leur avis. Les fiches sont classées par période historique dans un classeur « Histoire des arts ». http://ww.melimelune.com/category/arts/histoire-des-arts/

Quelques exemples de réalisation et de cartes mentales

• Projet « Nana »

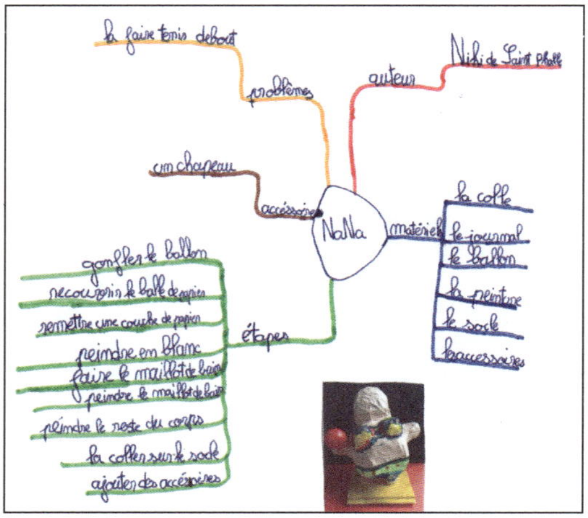

Exemple 1

Le projet Nana a été très collaboratif. Les élèves ont beaucoup échangé lors de la création des baigneuses en papier mâché. Certains mettaient trop de colle humide et la sculpture devenait compliquée à modeler. Cette difficulté ne ressort pas vraiment sur les cartes mentales, peut-être parce qu'ils se sont beaucoup entraidés. Les soucis énoncés sur la carte mentale restent relativement vagues.

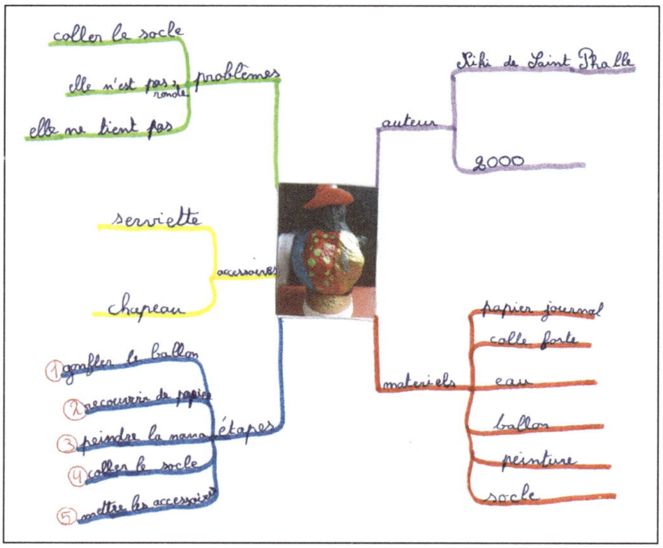

Exemple 2

• **Projet « Dali »**

Ce projet a été réalisé par une élève en complète autonomie (carte et production).

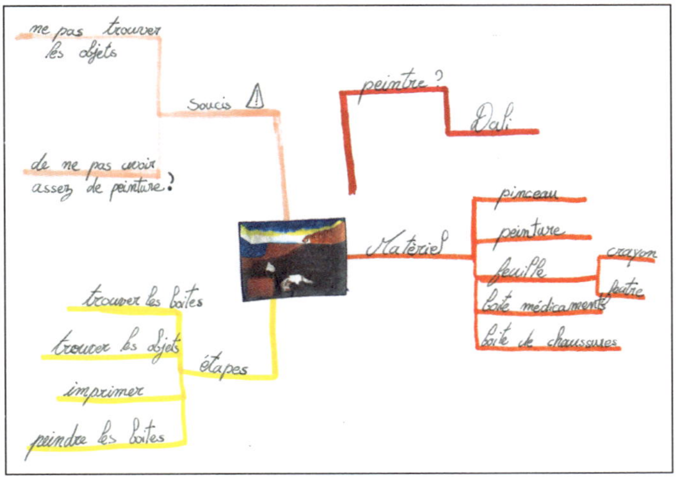

Exemple

• **Projet « Raysse »**

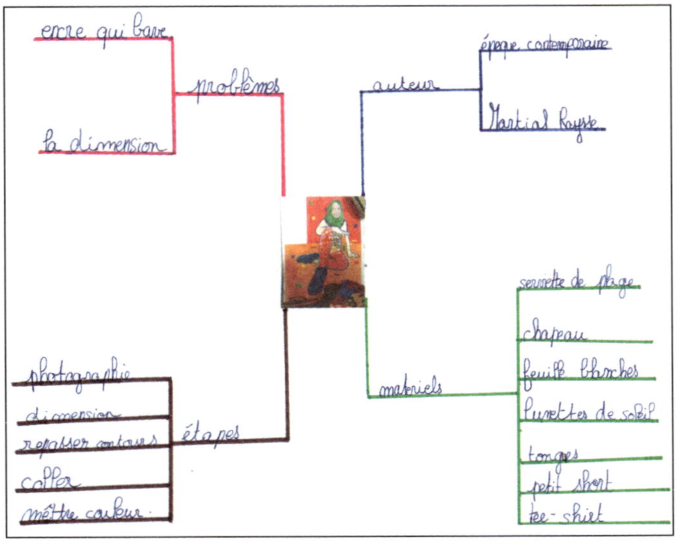

Exemple

Ce projet a été difficile à mettre en œuvre en raison de la prise de vue et de l'agrandissement qu'il a fallu prévoir pour reproduire la silhouette exacte des élèves. Curieusement, toute cette difficulté n'est pas traduite dans la carte mentale des élèves concernés, peut-être en raison du fait que la tâche avait été effectuée avec l'aide de l'enseignant (élève moins autonome sur cette étape).

• Projet « Maupassant »

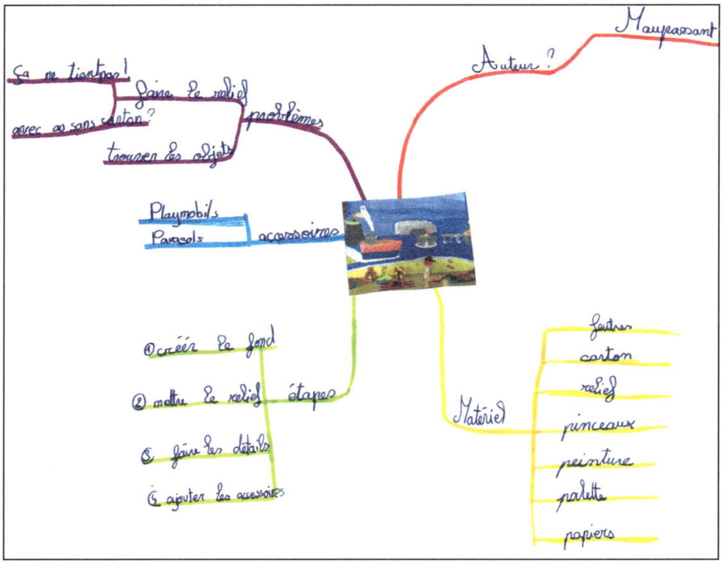

Exemple 1

Les élèves ont mis beaucoup d'énergie dans la réalisation du fond du tableau en peignant le plus fidèlement possible les éléments du paysage du texte, laissant de côté les accessoires qui ne sont pas représentés sur la carte mentale.

L'utilisation de figurines donnent une touche contemporaine à l'ensemble des productions des élèves. Les parasols sont le fruit d'une concertation collégiale finale qui n'est pas représentée sur la carte mentale.

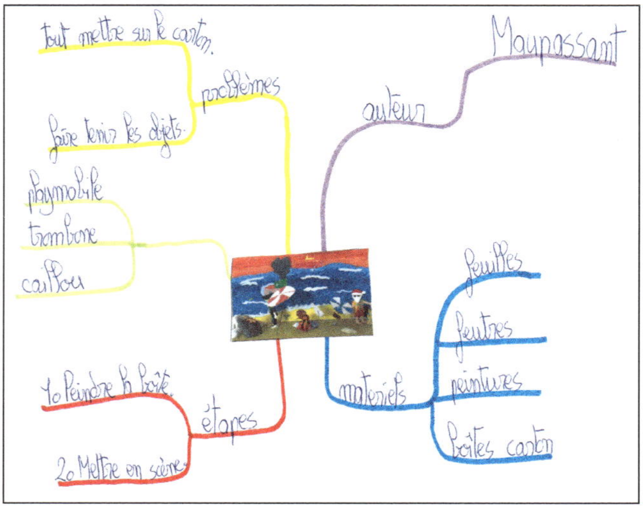

Exemple 2

• **Projet « la vague »**

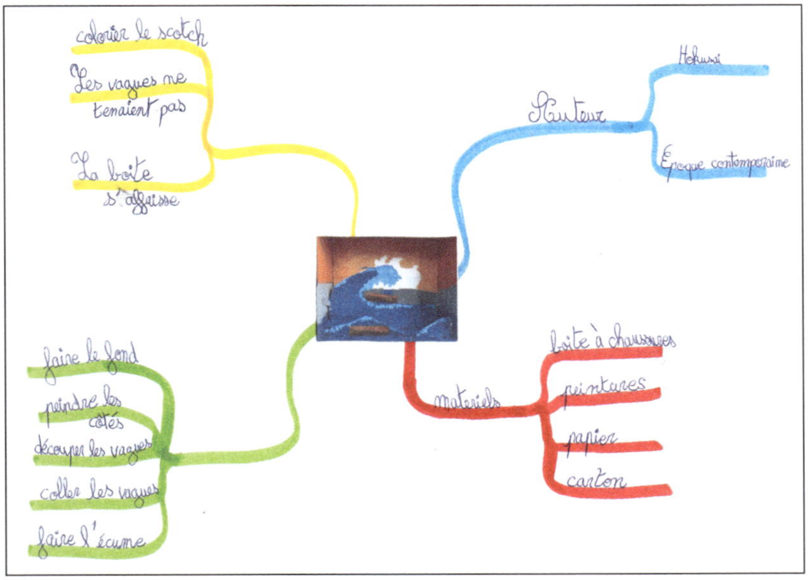

Exemple 3

Ici, les productions sont très variées : on le remarque pour le volume des boites ou le matériel choisi (coton ou peinture pour l'écume). Les élèves travaillaient en autonomie, tout en partageant leurs idées.

Pour chaque séance, l'enseignant a pu organiser un court moment de réflexion collectif puis individuel au cours duquel les élèves ont analysé l'avancée de leur projet (planification, difficultés). Il aurait été intéressant d'ajouter une branche « entraide » ou d'étoffer les difficultés dans des branches secondaires.

Les élèves se sont montrés très investis et créatifs. L'une des raisons pour lesquelles ils ont particulièrement apprécié ce travail est l'autonomie qui leur a été accordée pour mener à bien ce projet.

Présentation du CD-Rom

Installer le CD-Rom

Sur PC : Insérer le disque dans votre lecteur : l'installation se lance automatiquement. Si ce n'est pas le cas, aller dans le « Poste de travail » (menu « Démarrer »), cliquer sur le fichier « Cartes_mentales_PC.exe » et suivre les étapes d'installation jusqu'à la fin. Une icone s'affiche alors sur le « Bureau » : double cliquer dessus pour lancer le CD.

Sur Mac : Insérer le disque dans votre lecteur et double cliquer sur l'icône pour l'ouvrir. Double cliquer sur « Cartes_mentales_MAC.dmg » puis glisser l'application dans le dossier « Applications ». Aller dans le dossier « Applications » et double cliquer sur « Cartes_mentales_Retz ».

L'insertion du CD n'est plus nécessaire une fois l'application installée sur l'ordinateur (PC et Mac).

Naviguer dans le CD-Rom

• Accueil

Cliquer sur le logo pour accéder au site des Éditions Retz.

Cliquer sur l'entrée souhaitée pour accéder aux ressources associées.

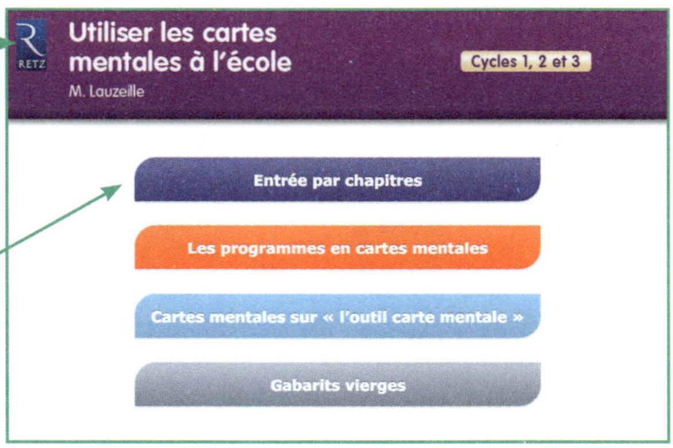

• Écran 2

Cliquer sur le bandeau supérieur pour retourner à l'écran d'accueil.

Le nom de l'entrée sélectionnée s'affiche en bleu.

Cliquer sur ces boutons pour accéder directement aux autres entrées, sans repasser par l'écran d'accueil.

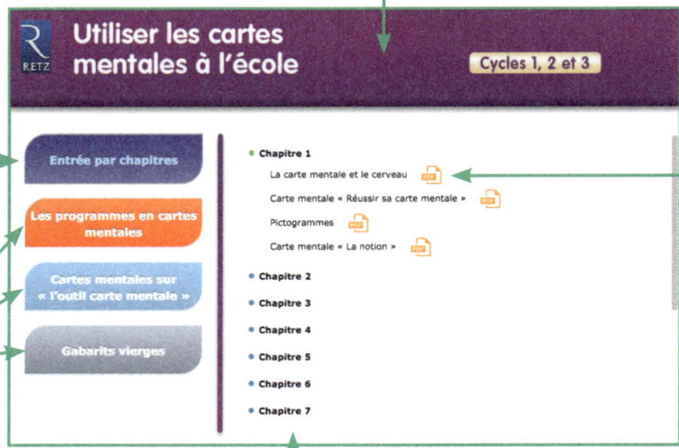

L'ensemble des ressources associées à l'entrée sélectionnée s'affiche dans la partie droite de l'écran

• Afficher les fichiers PDF, audio et vidéo

Cliquer sur le nom du document que l'on souhaite voir, imprimer ou vidéoprojeter…

… le document s'affiche dans une nouvelle fenêtre.

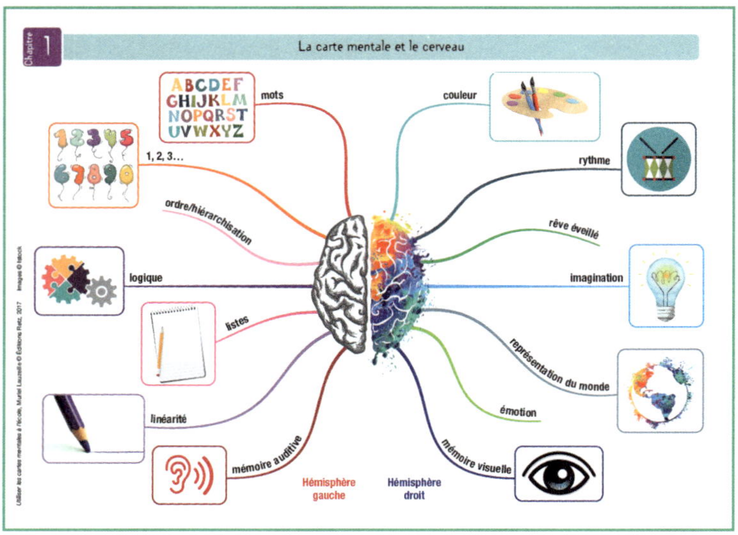

Contenu du CD-Rom

- Toutes les cartes mentales reproduites dans l'ouvrage, que vous retrouverez classées par chapitre (ainsi que quelques documents sciences et histoire)

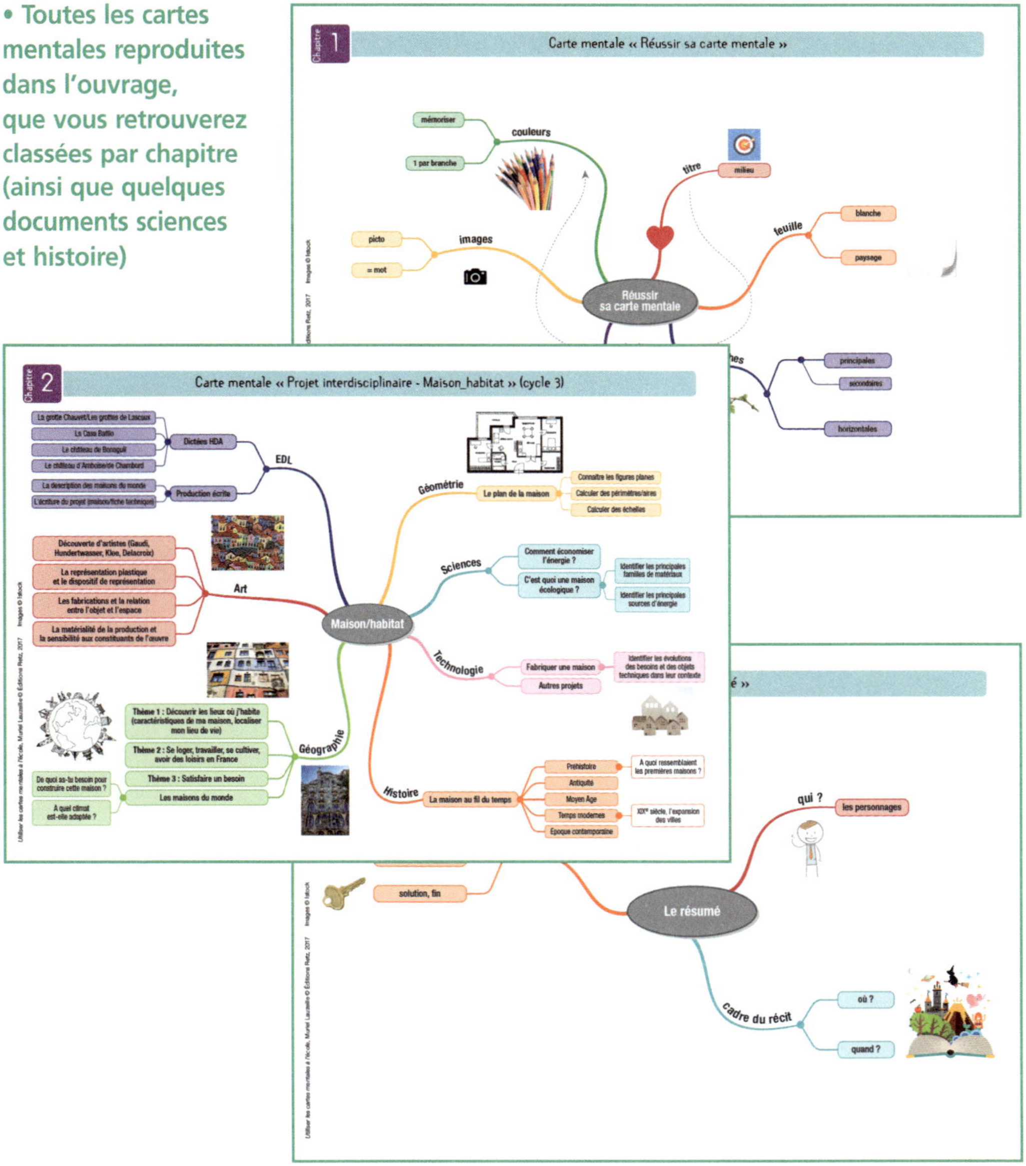

• Les programmes des trois cycles présentés sous forme de cartes mentales

Cycle 1

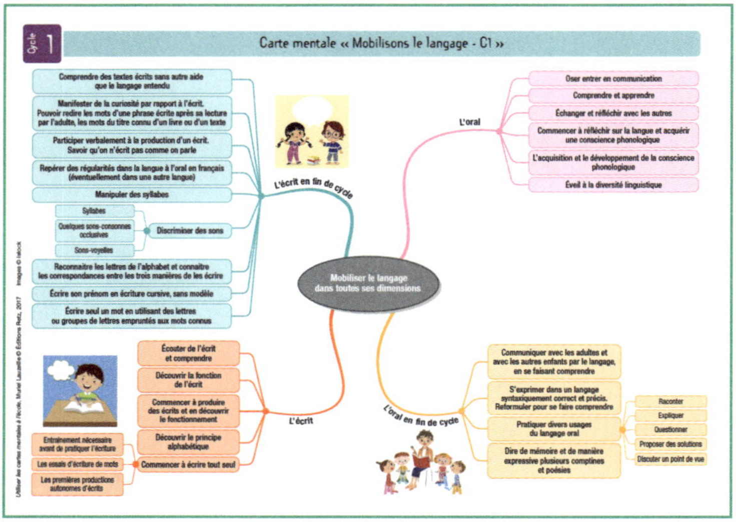

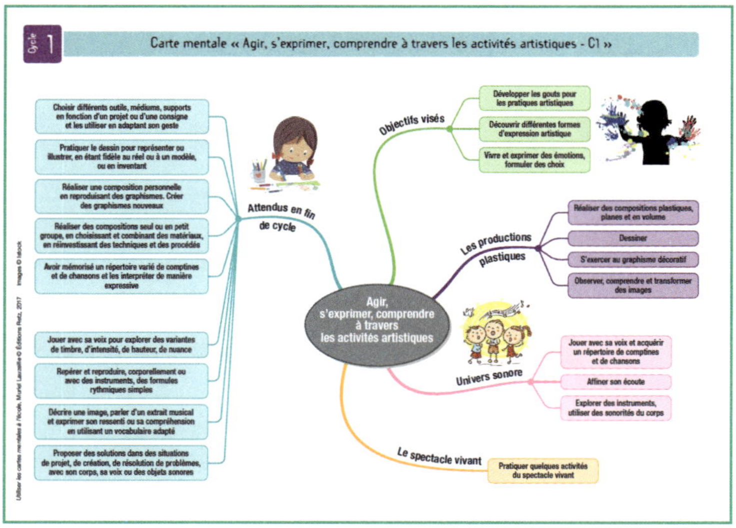

Cycle 2

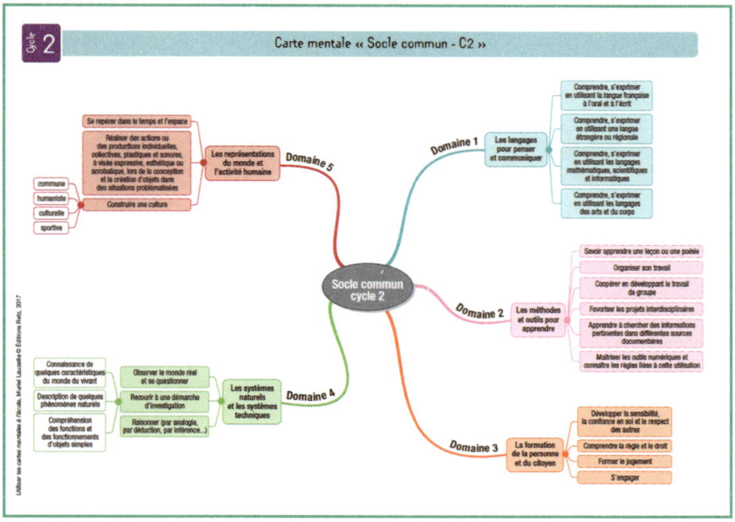
Cycle 2
Carte mentale « Socle commun - C2 »
Socle commun cycle 2
Domaine 1
Les langages pour penser et communiquer
Comprendre, s'exprimer en utilisant la langue française à l'oral et à l'écrit
Comprendre, s'exprimer en utilisant une langue étrangère ou régionale
Comprendre, s'exprimer en utilisant les langages mathématiques, scientifiques et informatiques
Comprendre, s'exprimer en utilisant les langages des arts et du corps
Domaine 2
Les méthodes et outils pour apprendre
Savoir apprendre une leçon ou une poésie
Organiser son travail
Coopérer en développant le travail de groupe
Favoriser les projets interdisciplinaires
Apprendre à chercher des informations pertinentes dans différentes sources documentaires
Maîtriser les outils numériques et connaître les règles liées à cette utilisation
Domaine 3
La formation de la personne et du citoyen
Développer la sensibilité, la confiance en soi et le respect des autres
Comprendre la règle et le droit
Former le jugement
S'engager
Domaine 4
Les systèmes naturels et les systèmes techniques
Observer le monde réel et se questionner
Recourir à une démarche d'investigation
Raisonner (par analogie, par déduction, par inférence...)
Connaissance de quelques caractéristiques du monde du vivant
Description de quelques phénomènes naturels
Compréhension des fonctions et des fonctionnements d'objets simples
Domaine 5
Les représentations du monde et l'activité humaine
Se repérer dans le temps et l'espace
Réaliser des actions ou des productions individuelles, collectives, plastiques et sonores, à visée expressive, esthétique ou acrobatique, lors de la conception et la création d'objets dans des situations problématisées
Construire une culture
commune
humaniste
culturelle
sportive
Utiliser les cartes mentales à l'école, Muriel Lauzeille © Éditions Retz, 2017

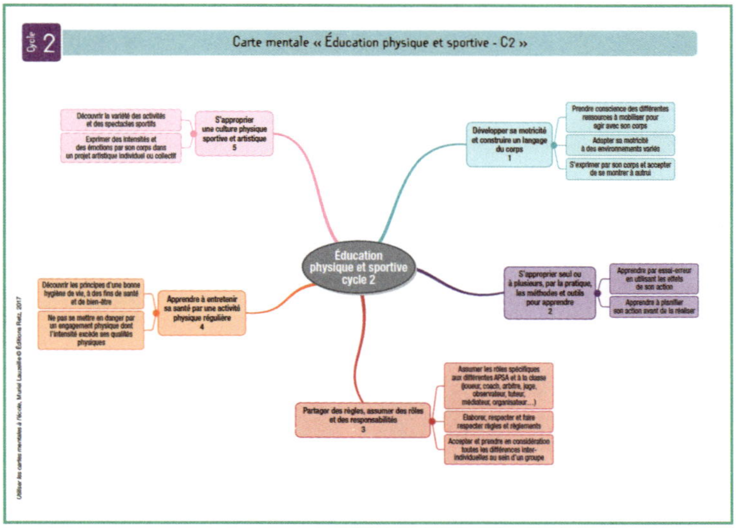
Cycle 2
Carte mentale « Éducation physique et sportive - C2 »
Éducation physique et sportive cycle 2
Développer sa motricité et construire un langage du corps
1
Prendre conscience des différentes ressources à mobiliser pour agir avec son corps
Adapter sa motricité à des environnements variés
S'exprimer par son corps et accepter de se montrer à autrui
S'approprier seul ou à plusieurs, par la pratique, les méthodes et outils pour apprendre
2
Apprendre par essai-erreur en utilisant les effets de son action
Apprendre à planifier son action avant de la réaliser
Partager des règles, assumer des rôles et des responsabilités
3
Assumer les rôles spécifiques aux différentes APSA et à la classe (joueur, coach, arbitre, juge, observateur, tuteur, médiateur, organisateur...)
Elaborer, respecter et faire respecter règles et règlements
Accepter et prendre en considération toutes les différences inter-individuelles au sein d'un groupe
Apprendre à entretenir sa santé par une activité physique régulière
4
Découvrir les principes d'une bonne hygiène de vie, à des fins de santé et de bien-être
Ne pas se mettre en danger par un engagement physique dont l'intensité excède ses qualités physiques
S'approprier une culture physique sportive et artistique
5
Découvrir la variété des activités et des spectacles sportifs
Exprimer des intensités et des émotions par son corps dans un projet artistique individuel ou collectif
Utiliser les cartes mentales à l'école, Muriel Lauzeille © Éditions Retz, 2017

Cycle 3

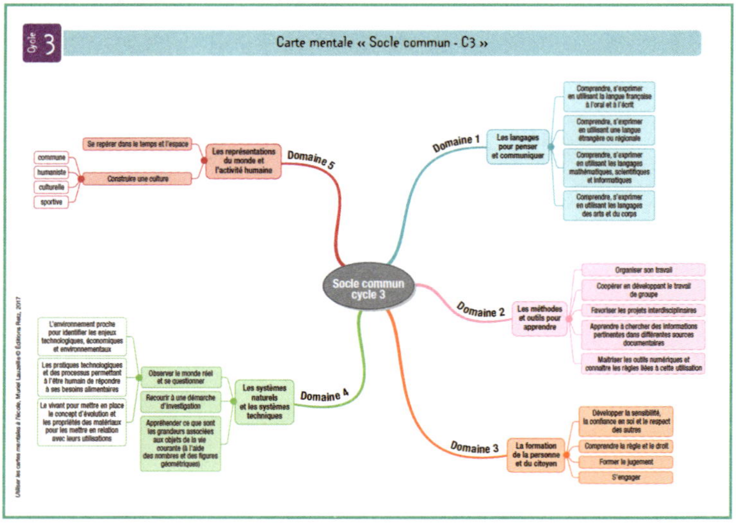
Cycle 3
Carte mentale « Socle commun - C3 »
Socle commun cycle 3
Domaine 1
Les langages pour penser et communiquer
Comprendre, s'exprimer en utilisant la langue française à l'oral et à l'écrit
Comprendre, s'exprimer en utilisant une langue étrangère ou régionale
Comprendre, s'exprimer en utilisant les langages mathématiques, scientifiques et informatiques
Comprendre, s'exprimer en utilisant les langages des arts et du corps
Domaine 2
Les méthodes et outils pour apprendre
Organiser son travail
Coopérer en développant le travail de groupe
Favoriser les projets interdisciplinaires
Apprendre à chercher des informations pertinentes dans différentes sources documentaires
Maîtriser les outils numériques et connaître les règles liées à cette utilisation
Domaine 3
La formation de la personne et du citoyen
Développer la sensibilité, la confiance en soi et le respect des autres
Comprendre la règle et le droit
Former le jugement
S'engager
Domaine 4
Les systèmes naturels et les systèmes techniques
Observer le monde réel et se questionner
L'environnement proche pour identifier les enjeux technologiques, économiques et environnementaux
Les pratiques technologiques et des processus permettant à l'être humain de répondre à ses besoins alimentaires
Le vivant pour mettre en place le concept d'évolution et les propriétés des matériaux pour les mettre en relation avec leurs utilisations
Recourir à une démarche d'investigation
Appréhender ce que sont les grandeurs associées aux objets de la vie courante (à l'aide des nombres et des figures géométriques)
Domaine 5
Les représentations du monde et l'activité humaine
Se repérer dans le temps et l'espace
Construire une culture
commune
humaniste
culturelle
sportive
Utiliser les cartes mentales à l'école, Muriel Lauzelle © Éditions Retz, 2017

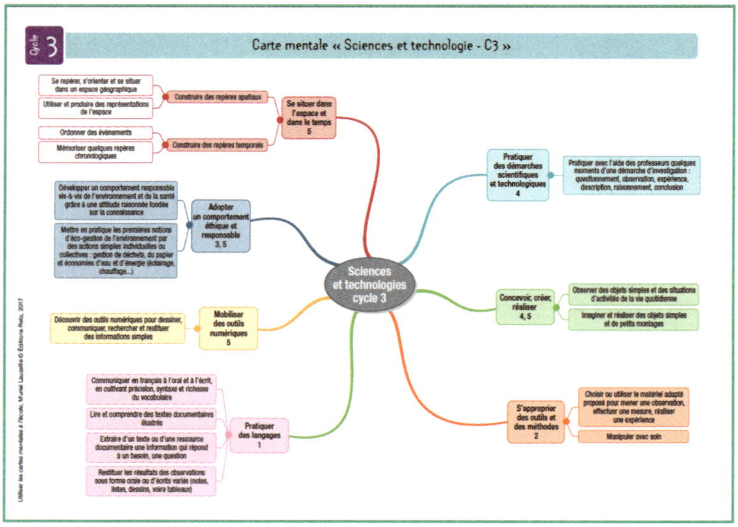
Cycle 3
Carte mentale « Sciences et technologie - C3 »
Sciences et technologies cycle 3
Se situer dans l'espace et dans le temps 5
Construire des repères spatiaux
Se repérer, s'orienter et se situer dans un espace géographique
Utiliser et produire des représentations de l'espace
Construire des repères temporels
Ordonner des évènements
Mémoriser quelques repères chronologiques
Adopter un comportement éthique et responsable 3, 5
Développer un comportement responsable vis-à-vis de l'environnement et de la santé grâce à une attitude raisonnée fondée sur la connaissance
Mettre en pratique les premières notions d'éco-gestion de l'environnement par des actions simples individuelles ou collectives : gestion de déchets, du papier et économies d'eau et d'énergie (éclairage, chauffage...)
Mobiliser des outils numériques 5
Découvrir des outils numériques pour dessiner, communiquer, rechercher et restituer des informations simples
Pratiquer des langages 1
Communiquer en français à l'oral et à l'écrit, en cultivant précision, syntaxe et richesse du vocabulaire
Lire et comprendre des textes documentaires illustrés
Extraire d'un texte ou d'une ressource documentaire une information qui répond à un besoin, une question
Restituer les résultats des observations sous forme orale ou d'écrits variés (notes, listes, dessins, voire tableaux)
Pratiquer des démarches scientifiques et technologiques 4
Pratiquer avec l'aide des professeurs quelques moments d'une démarche d'investigation : questionnement, observation, expérience, description, raisonnement, conclusion
Concevoir, créer, réaliser 4, 5
Observer des objets simples et des situations d'activités de la vie quotidienne
Imaginer et réaliser des objets simples et de petits montages
S'approprier des outils et des méthodes 2
Choisir ou utiliser le matériel adapté proposé pour mener une observation, effectuer une mesure, réaliser une expérience
Manipuler avec soin
Utiliser les cartes mentales à l'école, Muriel Lauzelle © Éditions Retz, 2017

- **Toutes les cartes mentales sur l'« outil carte mentale »**

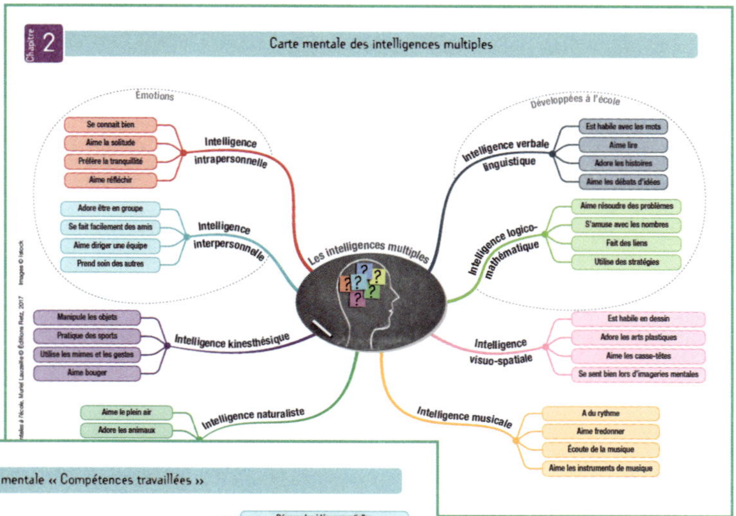

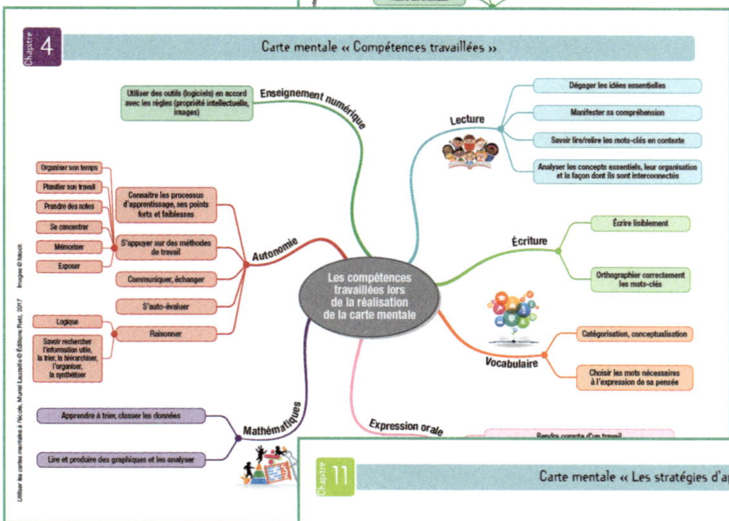

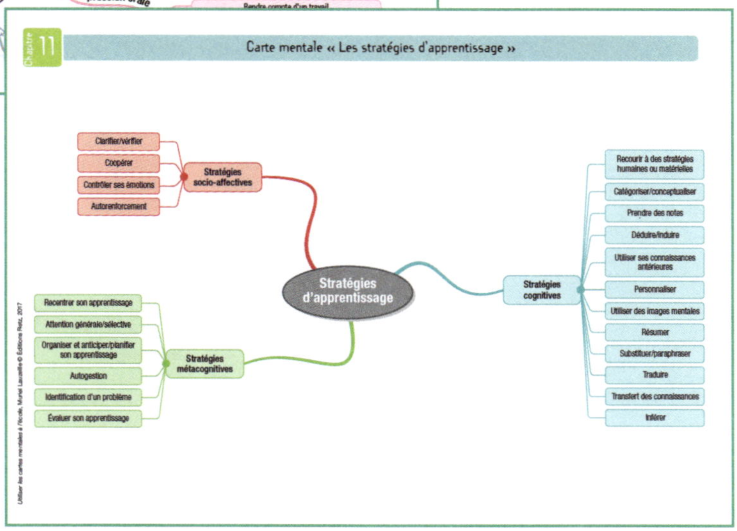

- **Des cartes mentales pour l'enseignant, les mêmes cartes mentales vierges, accompagnées de leurs étiquettes et images à découper**

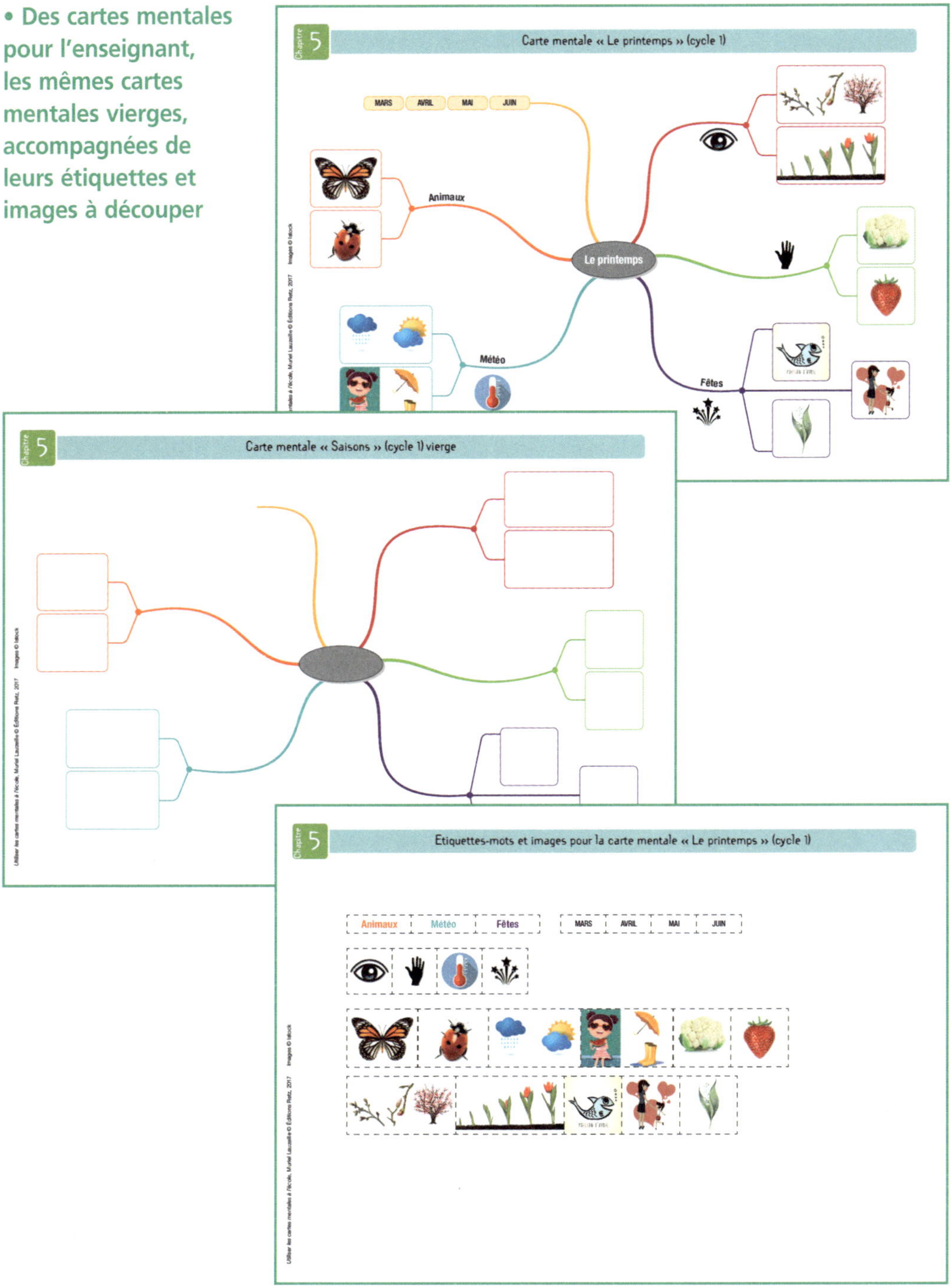

• **Des gabarits vierges et des pictogrammes**

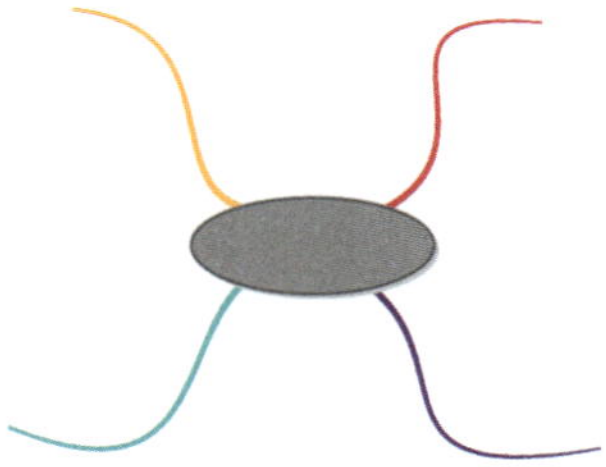

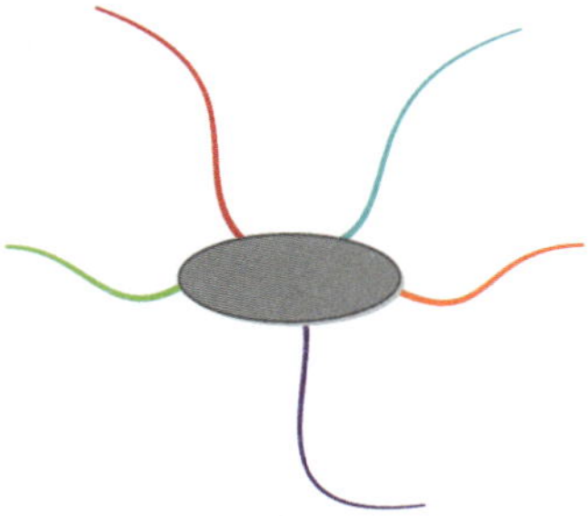

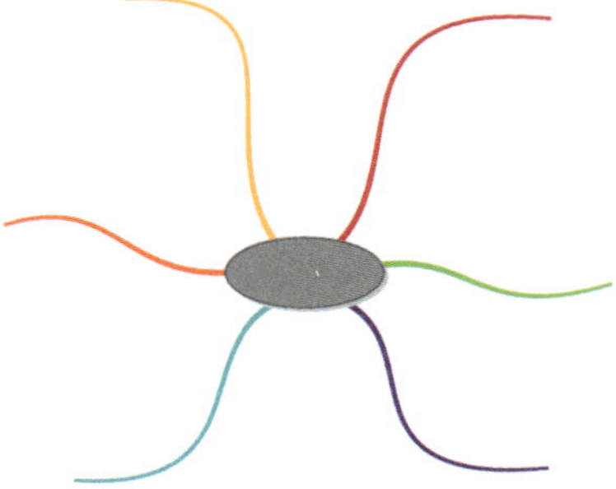

Crédits photographiques
37 Fred © Dargaud, 2017 ; 82 bas d © DR ; 82 bas g BIS / Ph. © Musée de la Marine, Paris / Coll. Archives Nathan ; 82 bas m © ADOC-PHOTOS ; 82 ht BIS / Ph. J. Bottet - Coll. Archives Larbor ; 82 m d Shutterstock ; 82 bas d © Bianchetti/Leemage ; 82 bas g © Roger-Viollet ; 82 bas m BIS / Ph. Archives des Pères Blancs, Rome / Coll Archives Bordas ; 82 m d Shutterstock ; 82 bas d © Interfoto/La Collection ; 82 m d Shutterstock ; 82 m d © BUFFERTRILLE F/ HorizonFeatures/Leemage ; 82 m d Shutterstock ; 82 m d BIS / Ph. Corinne Matusiak ; 82 m d Shutterstock ; 82 m d Shutterstock ; 133 m Clipart/DR ; 133 bas BIS / Ph. © Archives Nathan ; 133 d © Superstock/Leemage ; 134 g BIS / Ph. Hubert Josse © Archives Larbor ; 134 m © Photo.Josse/Leemage ; 134 d DR ; 152 ht g BIS / Ph. © Archives Nathan ; 152 ht d BIS / Ph. Scala © Archives Bordas ; 152 bas g BIS / Ph. H. Josse © Archives Larbor ; 152 bas d BIS / Ph. Jean Tarascon © Archives Larbor ; 153 bas © Photo.Josse/Leemage ; 153 ht d © Archives Charmet/ Bridgeman Images ; 153 ht g © Bridgeman Images ; 153 ht g © Leemage ; 153 ht g BIS / Ph. J.L. Charmet © Archives Larbor ; 153 ht g BIS / Ph. Coll. Archives Bordas ; 153 ht g BIS / Ph. Michel Didier © Archives Bordas

Direction éditoriale : Sylvie Cuchin
Édition : Joëlle Gardette
Réalisation : Christine Paquereau
Recherche iconographique : Frédéric Mazuy, Gabrielle Merizzi
Réalisation du CD-Rom : STDI
Photos : Istock (et crédits ci-dessus)
Corrections : Gérard Tassi

N° de projet : 10238549 – **Dépôt légal** : février 2017
Imprimé chez Chirat en juillet 2017
N° 201707.0063